SILVIA HÖFER

Quickfinder
Babys erstes Jahr

Vorwort

Herzlichen Glückwunsch zu Ihrem Baby!
Sie haben mit Schwangerschaft und Geburt Großartiges geleistet. Sie haben Monate auf diesen wundervollen kleinen Menschen in Ihren Armen gewartet und können sich nun endlich in die Augen schauen. Halten Sie daher kurz inne und genießen Sie diesen besonderen Augenblick. Lassen Sie sich helfen, damit Sie viel Zeit haben, sich aneinander zu gewöhnen. So gelingt auch ein entspannter Start ins Familienleben.

Das erste Jahr mit Ihrem Kind wird eine aufregende und recht außergewöhnliche Zeit in Ihrem Leben sein. Sie werden sich über kleine und große Entwicklungsschritte freuen können und Schritt für Schritt Ihre kleine Familie aufbauen. Wie ein Wunder erleben Sie das erste Lächeln Ihres Kindes. Leise Tönchen und zufriedene Gluckslaute werden Sie überglücklich machen. Später fasziniert Sie ein kleiner »Rollmops«, der alles greift, was nicht niet- und nagelfest ist. Und wenn erst das Krabbeln und Laufen beginnt, werden Sie mir nichts dir nichts die ganze Wohnungseinrichtung umbauen.

Diese große Veränderung im Leben, die Abenteuer mit dem Baby und seine rasche Entwicklung werden immer wieder viele Fragen aufwerfen. Viele Eltern fühlen sich auch Monate nach der Geburt noch manchmal als absolut unerfahrene Begleiter. Sie können aber zu Experten für ihr Baby werden! Die Informationen, Tipps und Hinweise in diesem Buch sollen Sie auf Ihrem Weg rasch und unkompliziert unterstützen. Dazu wurden alle Themen auf Doppelseiten aufbereitet. Das erspart langes Suchen und Blättern im Register. Ich wünsche mir sehr, Sie damit in Ihrer neuen Lebensphase unterstützen zu können.

Silvia Höfer

Inhalt

BETREUUNG UND FAMILIE 121

ERSTE HILFE UND KRANKHEITEN 133

RECHT UND FINANZEN 161

SERVICETEIL 168

PRAKTISCHE AUSSTATTUNG

Wickelplatz

Viele Eltern wickeln ihre Kinder einfach auf dem Bett oder dem Boden. Dazu legen sie ihr Baby auf eine Wickelunterlage und ein Handtuch. Für Ihr Baby ist dies die sicherste Methode: Die Gefahr vom Wickeltisch zu kullern besteht jedenfalls nicht. Klarer Nachteil: Bei Rückenbeschwerden ist diese Variante nicht zu empfehlen.

Häufig werden auch Wickel-Bade-Kombinationen für die Badewanne angeboten. Sinnvoller ist die Anschaffung einer Wickelkommode oder eines Wickeltisches. Normalerweise werden Sie Ihr Kind bis ins dritte oder vierte Lebensjahr hinein wickeln. Es lohnt sich daher auf Qualität zu setzen. Achten Sie beim Kauf auf eine etwas höhere Umrandung, damit auch kleine Rollmöpse, die etwa ab der zwölften Lebenswoche das Drehen üben, vorm tiefen Fallen geschützt sind. Lassen Sie aber auch in diesem Fall Ihr Kind nie unbeaufsichtigt auf dem Wickeltisch liegen!

Vor dem Wickelplatz ist ein gut zu reinigender Bodenbelag (keine Teppiche!) sinnvoll. Als Wickelauflage ist eine gepolsterte, abwaschbare Matte geeignet. Dabei bitte auf ein Material ohne Weichmacher und zinnorganische Verbindungen achten. Das heißt, die Wickelauflage sollte kein PVC enthalten. Produkte aus Polypropylen oder Polyethylen sind unbedenklich.

Für Ihr kleines Baby können Sie ein weiches Handtuch auf die Matte legen, damit es schön kuschelig ist. Falls Sie Kinder verschiedenen Alters wickeln, sollten Sie für jedes Kind eigene Handtücher benutzen. Ein gut verschließbarer Windeleimer und eine Ablagefläche für Waschschüssel, Pflege-Utensilien und Windeln sind sinnvoll. Regal, Schrank oder Kommode zur Unterbringung der Kleidung sollten nah am Wickelplatz stehen.

Wegwerfwindeln

Wegwerfwindeln gibt es für verschiedene »Gewichtsklassen«. Achten Sie beim Kauf auf unparfümierte, atmungsaktive Modelle. In den letzten Jahren sind auch »grüne« oder »Öko«-Wegwerfwindeln, die als Abfall leichter zersetzbar sein sollen, im Verkauf.

Stoffwindeln

Falls Sie Ihr Baby in Stoffwindeln wickeln möchten, sollten Sie sich die verschiedenen Möglichkeiten erst einmal ansehen. Am besten probieren Sie sie an den in Naturbekleidungsläden und Babybekleidungsgeschäften vorhandenen Puppen aus.

Sie werden für die meisten Varianten 20 bis 30 Windeln kaufen müssen. Falls Sie aber noch unsicher darüber sein sollten, wie Sie wickeln wollen, kaufen Sie besser

Praktisch: Windeln, Handtücher, Öl und Handtücher liegen griffbereit.

erst einmal nur acht bis zwölf Exemplare. Besorgen Sie sich für die wiederverwertbaren Windelsysteme einen gut schließenden Windeleimer, um die schmutzigen Windeln in Wasser mit etwas Neutralseife einweichen zu können, bis Sie sie waschen. Kaufen Sie Waschmittel ohne Parfum. Benutzen Sie keine Weichspüler. Wenn die Windeln nach einiger Zeit etwas hart werden, hilft etwas Essig im Spülgang – und gelegentliches Bügeln.

Was ist besser für die Umwelt?

Vor einigen Jahren ergab eine Untersuchung zu Öko-bilanzen von wiederverwertbaren Windelsystemen und Wegwerfwindeln keinen Unterschied zwischen beiden Systemen. Sie tun erst wirklich etwas für die Umwelt, wenn Sie auch Ihr zweites und drittes Baby in den gleichen wiederverwertbaren Windeln wickeln.

Wickelplatz und Windeln

Damit Ihr Baby immer richtig gewickelt ist, werden Sie folgende Dinge benötigen:

- Wegwerfwindeln in der Größe für Neugeborene, später in entsprechender Gewichtsklasse Ihres Kindes (siehe Seite 8) beziehungsweise

- 20 bis 30 Stoff- oder Bindewindeln oder Windelsysteme und entsprechende Überhosen aus Wolle oder Microfaser; Plastikhosen sind nicht atmungsaktiv und daher nicht zu empfehlen,

- einen gut verschließbaren Windeleimer (nicht zu klein!),

- eine Schüssel, in der Sie warmes Wasser zum Wickelplatz bringen können,

- 6 bis 8 Waschlappen oder weiche waschbare Tücher zum Reinigen und Trocknen des Pos,

- 4 bis 6 Handtücher als Auflage auf die Wickelfläche,

- eventuell ein reines Pflanzenöl (Sonnenblumen-, Jojoba-, Oliven- oder süßes Mandelöl),

- eine abdeckende Popocreme (nur bei wunder Haut verwenden!),

- eventuell eine Wärmelampe über dem Wickelplatz.

Kinderzimmer

Ein Stubenwagen, ein großer, luftdurchlässiger Korb oder eine Wiege sind in den ersten Wochen zwar sehr schön, aber sobald Babys acht bis zwölf Wochen alt sind, möchten sie beim Wachwerden aus dem Bett schauen können. Sie werden daher spätestens nach drei Monaten ein Kinderbett benötigen.

Gitterbettchen

Das Bettchen sollte keine überstehenden Teile und scharfen, spitzen Kanten haben. Der Abstand zwischen den Gitterstäben sollte zwischen 4,5 und 6,5 Zentimeter betragen, damit die Gefahr des Einklemmens oder Durchrutschens vermieden wird. Wenn der Abstand größer ist, besteht die Gefahr, dass Ihr Baby versucht, das Köpfchen durchzustecken.

Die Lackierung des Bettes und der Gitterstäbe sollte »speichelfest« nach deutscher Spielzeugnorm sein. Achten Sie darauf besonders, wenn Sie ein Familienerbstück neu lackieren. Die verwendete Farbe sollte dann auch so ökologisch wie möglich sein und kein Lösungsmittel oder andere giftige Stoffe enthalten. Größere Kinder lieben sogenannte Schlupfsprossen. Dies sind zwei Stäbe des Gitterbettes, die sich herausnehmen lassen. Damit kann Ihr Kind allein aus dem Bettchen steigen, wenn es Sie nachts besuchen möchte.

Lattenrost

Achten Sie auf einen stabilen Lattenrost. Der Lattenrost sollte belastbar, dreifach höhenverstellbar und eng genug sein, damit die Füße bei den ersten Aufstehversuchen nicht durchrutschen können. Achten Sie bei höhenverstellbaren Varianten auf einen Mindestabstand

Checkliste Babybett

Das braucht Ihr Baby zum Schlafen:

- ○ ein Gitterbettchen der DIN Norm EN 716.1,

- ○ eine passende atmungsaktive Matratze mit trittfesten Kanten am Matratzenrand, mittlerer Liegehärte (Ihr Baby darf nicht tiefer als 2 cm einsinken) und abnehmbarem Bezug,

- ○ eine dickere, atmungsaktive Moltonauflage als Matratzenschutz,

- ○ 3 bis 4 Bettlaken (Spannbettlaken),

- ○ 4 Mullwindeln als Unterlage am Kopfende,

- ○ 2 Babyschlafsäcke ohne Ärmel und Kapuze.

von 30 Zentimetern zwischen dem Boden des Bettes und der Oberkante des Gitters, damit Ihr Baby nicht herauspurzeln kann. Sobald Ihr Baby aber die ersten Aufstehversuche unternimmt, muss der Abstand bis zur Bettoberkante auf mindestens 60 Zentimeter ausgeweitet werden, damit auch die etwas älteren Klettermaxen nicht darübersteigen können.

Matratze

Die Matratze muss fest im Rahmen des Bettchens, des Wagens oder der Wiege liegen, damit sie sich nicht verschieben kann. Der Körper Ihres Babys sollte nicht tiefer als zwei Zentimeter in die Matratze einsinken können. Das heißt, dass sie relativ fest sein sollte. Zur Allergievorbeugung werden hypoallergene Matratzen empfohlen. Auch abnehmbare Matratzenbezüge, die mit den Bettlaken wöchentlich bei mindestens 60 °C gewaschen werden können, sollen die Hauptallergieauslöser in Betten (Hausstaubmilben und Schimmelpilze) verhindern. Beziehen Sie das Bettchen mit einfachen Laken und legen Sie als Schutz für ein Spuckbaby eine dünne Mullwindel unter das Köpfchen (kein Kissen!). Ein Lammfell, ein Kissen, eine Decke oder ein Kuscheltier gehören nicht ins Kinderbett.

Babyphon

Wenn Sie eine große Wohnung oder ein Haus bewohnen, ist das übertragene Rufen Ihres Babys in einen entfernteren Raum oder in den Garten per Babyphon eine

 VORSICHT

Wirklich wichtig ist es, alle neu erstandenen Möbel, Matratzen, Kinderwagen, Krabbeldecken und Tragehilfen vor dem ersten Gebrauch außerhalb des Wohn- und Schlafraums des Babys auslüften zu lassen. Bei Untersuchungen wurden in den ungeöffneten Verpackungen immer wieder krebserregende oder auf das Hormon- und Immunsystem wirkende Stoffe nachgewiesen. Es dauert nach der Öffnung noch 24 bis 48 Stunden, bis diese Stoffe nicht mehr in der Raumluft gefunden werden.

beruhigende Unterstützung. Die meisten Geräte besitzen Reichweiten von mehreren hundert Metern. Beim Kauf sollten Sie auf unnötig hohe Strahlenbelastung und unbedenkliche Inhaltsstoffe achten. Wenn Sie diese Punkte beachten und das Gerät auf einen etwas vom Kind entfernten Platz stellen, bleibt die Strahlenbelastung so gering wie möglich.

Um unabhängige verbraucherorientierte Informationen zu bekommen, lohnt es sich, vor dem Kauf Testberichte der Stiftung Warentest und der Zeitschrift Ökotest zu studieren. Dies gilt übrigens auch für alle anderen Neuanschaffungen, die mit der Ankunft eines Babys ins Haus stehen!

Erstes Spielzeug

Ein kuscheliges Stofftier animiert Babys ab drei Monaten zu ersten Greifversuchen.

Sie sind als Eltern das erste und wichtigste Spielzeug für Ihr Kind. Sprechen Sie viel mit Ihrem Baby. Gewöhnen Sie sich von Anfang an daran, Ihrem Baby alles anzukündigen, was Sie mit ihm vorhaben. Wickeln und Waschen treffen Ihren kleinen Schatz dann nicht völlig unvorbereitet. Lauter Protest und Unfrieden lassen sich so leicht vermeiden.

Zuwendung und Körperkontakt

Singen Sie und wiegen Sie Ihr Baby in Ihren Armen. Tanzen Sie gemeinsam zu schöner Musik und lassen Sie beim gemeinsamen Bad warmes Wasser über die Beinchen und den Bauch fließen. Eine Spieluhr, die immer beim Wickeln oder zum Einschlafen gespielt wird, kann durch den Wiedererkennungswert zur Entspannung Ihres Babys beitragen. All dies wird im ersten Lebensmonat und natürlich auch später das perfekte »Spielzeug« sein. Im zweiten Monat kann ein Mobile am Wickelplatz mit Gesichtern oder großen Mustern das Interesse Ihres Babys wecken. Außerdem wird Ihr Baby es mögen, wenn Sie immer wieder mit verschiedenen Stoffen über seine Finger und Handflächen streicheln. Im dritten bis vierten Monat wird das Greifen spielerisch trainiert. Alles, was sich in Babys Reichweite befindet – Cremedosen, Windeln, Ölflasche, Haarbürste –, ist dann vor den kleinen Händen nicht mehr sicher. Und wenn der erbeutete Gegenstand auch noch Geräusche macht, die es durch eigene Bewegungen auslösen kann, wird Ihr Baby freudig glucksen.

Stoffbücher für kleine Leseratten

Das erste Buch aus Karton oder Stoff mit einfachen Bildern von Tieren, Menschengesichtern oder Alltagsgegenständen, das Sie sehr oft »vorlesen« werden, kann mit etwa vier Monaten eingeführt werden. Auch ein waschbares Kuscheltier ohne ablösbare Augen (!) ist ein schönes Geschenk. Später kommen Bälle, Rasseln, Hand- und Fingerpuppen und noch später Bauklötze, Stehaufmännchen und vielleicht ein Xylophon dazu. Viele Kinder ziehen die in der Küche vorhandenen

Haushaltsgegenstände meistens deutlich den in dezenten Farben gehaltenen, pädagogisch hochwertvollen Holztieren vor.

Krabbeldecke

So richtig kommt diese Decke eigentlich nur zwischen dem vierten bis sechsten Monat zum Einsatz. Ihr Baby ist dann schon so beweglich, dass es sich vom Bauch auf den Rücken und wieder zurück drehen kann. Für diese Art der sportlichen Betätigung ist das begrenzte Platzangebot einer Krabbeldecke völlig ausreichend. Spätestens wenn Ihr Kind mit dem Krabbeln beginnt, wird die Krabbeldecke – deren Namen alles in allem völlig irreführend ist – aber verwaist in der Ecke liegen. So lange, bis sie in der nächsten Gartensaison zu neuen Ehren kommt: als kuschelige Unterlage für kleine Picknicker. Die Krabbeldecke sollte aus einem weichen, leicht waschbaren Material bestehen. Aufgenähtes Spielzeug sollte fest sitzen und groß genug sein, damit Ihr Baby es nicht verschlucken kann.

Spielzeug fürs zweite Halbjahr

Sobald Ihr Baby etwas mobiler wird, wird es Freude daran haben, durch Zimmer und Wohnung zu robben und dabei kleine Gegenstände hinter sich herzuschleifen. Ein Rutschauto, ein Nachziehtier oder eine weiche Stoffpuppe sind dann die richtigen Spielkameraden. Von nun an hat Ihr Kind auch Spaß an allen Arten von Bewegungsspielen. Packen Sie also ruhig die alten Knie-

WICHTIG

Achten Sie beim Kauf aller Spielzeuge auf Materialien und Farbbehandlungen, die als schadstofffrei bewertet wurden und den anerkannten Sicherheitsstandards entsprechen.

reiterverse aus Ihrer Kindheit wieder aus. Nehmen Sie Ihr Baby Huckepack oder lassen Sie es auf Ihren Knien reiten. Daran haben beide großen Spaß.

Motorisches Geschick wird mit einem Becherturm spielerisch geübt. Auch das Hantieren mit winzigen Gegenständen (natürlich nur unter Aufsicht!) weckt etwa ab dem zehnten Monat den Entdeckergeist Ihres Kindes. Stolz nimmt es dann einen Würfel oder eine Holzperle zwischen Daumen und Zeigefinger.

Viele Babys haben jetzt auch Spaß an Kugelbahnen. Es gibt große, stabile Varianten aus Holz, deren Kugeln und Figuren groß genug sind, um nicht verschluckt werden zu können. Mit großer Begeisterung werden die Figuren immer wieder in die Bahn befördert und dabei beobachtet, wie sie nach unten kullern.

Nicht empfehlenswert sind alle Varianten von Lauflernhilfen – Sie werden schnell merken, dass Ihr Kind von ganz alleine aufsteht und in seinem Tempo die ersten Schritte unternimmt.

Babykleidung

Um Ihr kleines Baby so zu kleiden, dass es sich wohl-fühlt, ziehen Sie einfach eine »Schicht« mehr an als Sie selbst tragen. Dies gilt aber nur für die ersten zwölf Wochen, in denen Babys Temperaturunterschiede noch nicht so gut ausgleichen können, und natürlich nicht für Sommertemperaturen von über 27 °C.

Als erste Kleidung für Ihr Baby reichen drei Garnitu-ren in der Größe 50 bis 56. Die weiteren Sachen können Sie ruhig schon »auf Zuwachs« besorgen. Bodys, die im Schritt geknöpft werden, sind als Unterwäsche Sommer wie Winter praktisch. Dagegen sind bei der Oberbeklei-dung zweiteilige Garnituren mit Hose und Hemdchen oft schon für Neugeborene einfacher zu handhaben als Strampelanzüge. Das Wickeln fällt einfach leichter, wenn nur die Hose ausgezogen werden muss. Selbst die Strampelanzüge mit durchgeknöpften Beinen für mehr Wickelkomfort haben sich als nicht allzu prak-tisch erwiesen. Die Druckknöpfe gehen leicht auf und plötzlich steht Ihr Kind im Freien.

Achten Sie darauf, dass Ihre Babykleidung gut waschbar ist und schnell trocknet. Alle aufwendigen Stoffe und Materialien eignen sich höchstens für Taufe oder Will-kommensfest. Für den Alltag sind sie nicht geeignet. Waschen Sie alle neuen Teile mindestens zweimal. Ver-wenden Sie dazu nur Waschmittel ohne Weichspüler.

Mützchen bitte nur für draußen und bei offenem Fenster. Sonst wird es zu warm.

Babys brauchen, bis sie laufen lernen, keine Schuhe. Allerdings können bei Winterbabys gefütterte, aus wei-chem Leder hergestellte »Pantoffeln« die Füße schön warm halten.

Secondhandkleidung

Viele Eltern erhalten von Freunden und Familie ganze Pakete mit Babykleidung, die schon von anderen Kin-dern getragen wurden. Oder sie finden günstige Klei-dung in einem Secondhandladen, womit sie viel Geld sparen können. Der Kauf von gebrauchter Kleidung wird für Kinder von Allergikern sogar empfohlen, weil durch das häufige Waschen der Gehalt an Imprägnie-rungen oder Weichspülmittel in der Kleidung verringert wird, die für die weiche, empfindliche Babyhaut nicht gut sind und Allergien auslösen können.

Erstausstattung Ihres Kindes

Das brauchen Sommerbabys

- ◎ 4 Baumwollbodys mit kurzem Arm und 2 mit langem Arm, die seitlich zu binden und im Schritt zu knöpfen sind (damit sie nicht über den Kopf gezogen werden müssen),

- ◎ falls Sie mit Stoffwindeln wickeln: 6 Hemdchen und entsprechend Ihrem Windelsystem 2 bis 6 Hosen, die das Windelpaket zusammenhalten,

- ◎ 6 dünne Strampler, möglichst mit Füßen, damit die sonst benötigten warmen Socken nicht am Bein einschneiden,

- ◎ 4 Jäckchen oder leicht zu öffnende Pullis mit langem Arm und 2 mit kurzem Arm aus Baumwolle oder anderem leichten Material,

- ◎ 2 Paar warme Söckchen (für Babys mit geringem Gewicht und für kleine »Frostbeulen«),

- ◎ 1 Ausgehjacke aus etwas dickerem, atmungsaktivem Material,

- ◎ 2 dünne Baumwollmützen,

- ◎ 1 Sonnenhut,

- ◎ 1 dünnere Decke zum Einwickeln.

Das brauchen Winterbabys

- ◎ 6 Baumwollbodys mit langem Arm, die seitlich zu binden und im Schritt zu knöpfen sind (damit sie nicht über den Kopf gezogen werden müssen),

- ◎ falls Sie mit Stoffwindeln wickeln: 6 Hemdchen und entsprechend Ihrem Windelsystem 2 bis 6 Hosen, die das Windelpaket zusammenhalten,

- ◎ 6 dickere Strampler, möglichst mit Füßen, damit die sonst benötigten warmen Socken nicht am Bein einschneiden,

- ◎ 6 Jäckchen oder leicht zu öffnende Pullis mit langem Arm aus dickerer Baumwolle oder anderem wärmenden Material,

- ◎ 2 Paar warme Söckchen,

- ◎ 1 Ausgehjacke aus etwas dickerem Material und ein Wintersack,

- ◎ 2 dünne Baumwollmützen,

- ◎ 2 warme Mützen, 1 Schal oder Halstuch, 2 Paar Handschuhe (ein Paar verlieren alle!),

- ◎ 1 dickere Decke zum Einwickeln.

Küche und Bad

Für Küche und Bad brauchen Sie nur wenige Anschaffungen. Sparen Sie sich überflüssige Investitionen! Flaschen können auch im Kochtopf ausgekocht werden und Babys baden gern zusammen mit Papa und später Mama in der großen Badewanne.

Fläschchen und Zubehör

Auch wenn Sie voll stillen, ist es praktisch, einige Fläschchen im Haus zu haben. So kann auch jemand anderes Ihr Baby mit abgepumpter Muttermilch versorgen. Zum Reinigen und Sterilisieren des Fütterungszubehörs haben sich einfache, verschließbare Töpfe bewährt, in denen Flaschen, Sauger und Verschlusskappen nach der Vorreinigung mit einer Flaschenbürste für zehn Minuten in sprudelndem Wasser ausgekocht werden. Alternative dazu sind Dampfsterilisatoren, die innerhalb von fünf Minuten sterilisieren. Danach können Sie die sterilisierten Teile auf saubere Geschirrtücher stellen und bis zum Gebrauch abdecken. Am besten verwenden Sie nur gebügelte Geschirrtücher, da Bügeln die Keimzahl reduziert.

In einem Flaschenwärmer oder einem Kochtopf mit warmem Wasser können Sie die Nahrung erwärmen. Eine kleine Kühltasche hält die Nahrung frisch, wenn sie transportiert werden soll.

Fläschchen, Sauger und Zubehör

Wenn Sie Ihr Baby mit einer Flasche mit abgepumpter Muttermilch oder mit künstlicher Milch ernähren möchten, brauchen Sie außer der Nahrung (siehe Seite 40) folgendes Zubehör:

- 6 Flaschen,
- 6 Feinlochsauger,
- einen Dampfsterilisator oder einen Kochtopf zum Auskochen der Flaschen, Verschlusskappen und Sauger,
- eine Flaschenbürste,
- 6 saubere, gebügelte (Bügeln reduziert die Keimzahl) Geschirrtücher,
- eine Thermosflasche zum Warmhalten unterwegs,
- eventuell einen Flaschenwärmer,
- eventuell eine kleine Kühltasche, falls Sie die abgepumpte Muttermilch länger transportieren wollen,
- 8 Spucktücher (Mullwindeln).

Breitopf, Pürierstab oder Mixer

Für die Zubereitung der ersten Breimahlzeiten werden Sie einen Topf mit geringem Fassungsvermögen benötigen. Geeignet sind Töpfe aus Email oder Edelstahl. Sie sollten auf jeden Fall eine kratzfeste Oberfläche besitzen, damit Sie das gekochte Gemüse direkt im Topf pürieren können und so Geschirr sparen. Auch wenn Sie nicht vorhaben, regelmäßig den Brei für Ihr Kind selbst zu kochen, ist ein Pürierstab oder ein Mixer doch eine praktische Anschaffung. Denn bis Ihr Baby die ersten Backenzähne bekommt, wird es sich mit dem Kauen fester Nahrung noch sehr schwer tun.

Kinderhochstuhl

Sobald Ihr Kind alleine sitzen kann, wird es auf Ihrem Schoß nicht mehr zufrieden sein. Ein Hochstuhl gibt ihm den nötigen Überblick, damit es das Tischgeschehen aufmerksam verfolgen kann. Gut geeignet sind höhenverstellbare Stühle, die mitwachsen können. Auch hier ist es wichtig, auf Sicherheit zu achten! Kaufen sie keine Modelle, die Öffnungen, Spalten oder Löcher aufweisen, an denen sich Ihr Kind verletzen könnte. Achten Sie auch darauf, dass Ihr Kind nicht alleine im Hochstuhl aufstehen kann. Kleine Klettermäxchen fallen schneller, als man denkt. Lassen Sie Ihr Kind deshalb auch nicht alleine im Hochstuhl sitzen, wenn Sie den Raum verlassen. In diesem Fall ist ein Laufgitter besser geeignet. Bei einigen dieser Stühle wurde eine Abgabe schädlicher Dämpfe gemessen (Formaldehyd).

Alleine im Hochstuhl sitzen und selbstständig essen finden Babys ab elf Monaten einfach toll.

Teller, Becher und Besteck

Sobald Ihr Baby sich an die ersten Mahlzeiten gewöhnt hat, wird es auch darauf bestehen, alles alleine zu machen. Mit etwa zehn bis elf Monaten wird Ihr Baby lieber hungrig bleiben, als sich füttern zu lassen. Dann ist der richtige Zeitpunkt, Ihrem Kind ein eigenes Tellerchen aus Plastik, einen Becher und ein Gäbelchen mit stumpfen Zinken zur Verfügung zu stellen. Wappnen Sie sich dann innerlich, um die Kleckserei und Mantscherei besser ertragen zu können.

Lätzchen

Lätzchen kann man eigentlich nicht genug haben. Sie werden sie ab dem siebten Monat benötigen, sobald Sie

Ihrem Kind den ersten Brei anbieten. Achten Sie beim Kauf darauf, dass die Materialien gut waschbar sind und die Dessins in der 60 °C-Wäsche nicht verfärben können. Lätzchen, in die die Kinder auch mit dem Ärmel schlüpfen können, sind besonders für kleine Forscher geeignet. Sie können Ihrem Kind dann leichten Herzens dabei zusehen, wie es alle Nahrung erst einmal gründlich untersucht, bevor es sie in den Mund steckt.

Wärmequelle

Bei Blähungen und Bauchweh, aber auch bei kalten Füßchen tut Wärme gut. Für Babys geeignet sind Kirschkernkissen oder kleine Wärmflaschen. Achten Sie auf die Temperatur! Am besten prüfen Sie diese 30 Sekunden an Ihrem Hals, bevor Sie Ihr Baby mit der Wärmequelle in Kontakt bringen.

Fieberthermometer

Bei kleinen Babys sind nur Temperaturen aussagekräftig, die im Po gemessen wurden. Ein schnell messendes, vielleicht mit flexibler Spitze versehenes Digitalthermometer ist die richtige Anschaffung für die ersten sechs Monate. Danach ist der Umgang mit Ohr-, Stirn- und Schnullerthermometern einfacher – vor allem, wenn sich unwillige Kinder gegen das Messen im Po wehren.

Badewanne, Badeeimer und Co

Die Babybadewanne oder den Badeeimer leihen Sie sich am besten von Freunden, weil diese Anschaffung

 Babywaage: Lieber nicht!

Zum Glück wird jungen Eltern heute nur noch selten empfohlen, sich eine Babywaage anzuschaffen, um die Gewichtszunahme des Neugeborenen überprüfen zu können. Das tägliche Wiegen hat sich für eine erfolgreiche Stillbeziehung als äußerst schädlich erwiesen. Verzichten Sie daher lieber auf diese Ausgabe und überlassen Sie die Gewichtskontrolle Ihrer Hebamme!

nur für sehr kurze Zeit gebraucht wird. Oder Sie verwenden einfach eine große Waschschüssel. Ein Badethermometer zeigt Ihnen, ob die Wassertemperatur stimmt. Bei einer Babynagelschere lohnt es sich, wegen der besseren Handhabung ein qualitativ hochwertiges Modell zu besorgen. Die gibt es meistens in Apotheken. Falls Ihr Baby schon Haare hat, ist die Anschaffung einer Haarbürste mit weichen Borsten sinnvoll.

Schnuller

Babys saugen an allem, weil sie am Anfang damit ihr starkes Saugbedürfnis befriedigen, und später, um damit psychische Spannungszustände loszuwerden. Babys, die sehr unruhig sind oder oft starke Blähungen haben, können sich durch das Schnullern leichter entspannen.

Als Einschlafhilfe entlastet der Schnuller auch manche Eltern, die vom vielen Weinen zu verzweifeln drohen. Die Gefahr ist nur, dass er von Eltern viel zu häufig – und in für die Entwicklung des Babys oder die Mehrproduktion von Muttermilch wichtigen Situationen falsch eingesetzt wird. Ein Baby muss schimpfen dürfen, wenn ihm etwas nicht passt!

Auch das Hinauszögern von Stillmahlzeiten, um die Abstände der Mahlzeiten zu vergrößern, kann unerwünschte Folgen haben. Unter Umständen kann sich dabei die Milchmenge reduzieren. Babys regulieren ihre benötigte Milchmenge über die Häufigkeit der Stimulation an der Brust. Dazu passt kein regelmäßiger Abstand zwischen den Mahlzeiten.

Warten Sie mit dem Anbieten eines Schnullers daher, bis Ihr Baby sicher an der Brust trinkt. Dies ist wahrscheinlich nach etwa fünf bis sechs Wochen der Fall.

Welche Schnuller gibt es?

Bei der Anschaffung sind Latexschnuller den Produkten aus Silikon vorzuziehen. Benutzen Sie Modelle mit asymmetrischen Schnullerschilden und Saugteilen nur, wenn Ihr Baby den Schnuller im Mund nicht dreht. Manche Babys tun das. Falsch gelutscht schaden die Schnuller möglicherweise der Kieferentwicklung. Symmetrische Modelle sind in diesem Fall dann vorzuziehen. Greifen Sie unbedingt zur nächsten Größe von Schnullern, wenn Ihr Baby ihn vollständig im Mund verschwinden lassen kann.

Schnuller-Hygiene

Wenn Sie Ihrem Baby einen Schnuller anbieten wollen, sollten Sie ein paar Hygieneregeln beherzigen, damit die Schnullerei sich nicht nachteilig auf die Gesundheit Ihres Babys auswirkt.

◯ Kochen Sie neue Schnuller immer gründlich aus, bevor Sie sie Ihrem Baby anbieten.

◯ Waschen Sie den Schnuller unter fließendem heißen Wasser ab und denken Sie daran, den Schnuller ab und zu in sprudelndem Wasser zehn Minuten zu kochen!

◯ Erneuern Sie die Schnuller regelmäßig entsprechend der Empfehlung des Herstellers. Damit beugen Sie dem Allergisierungsrisiko aufgrund kleinster Risse vor.

◯ Lecken Sie den Schnuller nicht ab, bevor sie ihn Ihrem Baby in den Mund stecken. In Ihrem Mund befinden sich Bakterien und Viren, auf die Ihr Baby besser verzichten kann.

◯ Tauchen Sie den Schnuller nie in Honig oder Ahornsirup. Süße Substanzen können nicht nur leicht zu Karies führen, Honig und Ahornsirup können überdies Erreger (Sporen) enthalten, die im ersten Lebensjahr Ihres Babys zu lebensgefährlichen Infektionen führen können.

Mit dem Baby unterwegs

Zu Fuß (Tragehilfen)

Die meisten Babys lassen sich sehr gerne tragen. Zur Unterstützung gibt es Tragetücher und Tragesäcke. Die fertigen Tragesäcke gewährleisten oft das Abspreizen der angehockten Beinchen, können aber durch unzureichende Verstellmöglichkeiten den Rücken nicht im nötigen Maß unterstützen. Der Rücken Ihres Babys sollte zwar gestützt, aber nicht gedrückt werden. Auch das Köpfchen muss gut gestützt sein. Probieren Sie in Fachläden die verschiedenen Modelle auf ihre Praktikabilität aus, um zu sehen, was für Sie passt. Die meisten

Das Tragetuch finden Babys von Anfang an toll. Größere Kinder können Sie seitlich auf der Hüfte tragen.

 Tragen tut Babys gut

Das Tragen Ihres Babys befriedigt die Grundbedürfnisse nach Körperkontakt, Kommunikation und Bewegung. Getragene Babys müssen weniger weinen, weil Nähe und Bewegung beruhigend wirken. Und auch Sie als Eltern profitieren vom Tragen Ihres Kindes: Sie können sich über eine enge Bindung freuen und haben zwei Hände frei, um im Kochtopf zu rühren.

Eltern kommen mit Tragetüchern in einer Länge zwischen 4,60 bis 5,20 Meter, je nach eigener Körpergröße, gut zurecht. Mit einem Tragetuch können Sie Ihr kleines Baby entweder liegend oder aufrecht in einer Känguru-Kreuztrage umhertragen. Die verschiedenen Bindeanleitungen werden in der Regel von den Herstellern mitgeliefert. Sie können aber auch Ihre Hebamme bei den Wochenbettbesuchen danach fragen.

Mit dem Kinderwagen

Es gibt unglaublich viele verschiedene Modelle – von Multifunktionswagen, die nach der liegenden Phase von sieben bis acht Monaten in Sportwagen umgebaut werden können, über Joggingmodelle bis hin zu Tandemkinderwagen, in denen zwei Kinder (auch unterschiedlicher Altersstufen) transportiert werden können. Achten Sie bei der Anschaffung auf entsprechende Prüfzeichen und DIN-Normen.

Auswahlkriterien

Bei der Auswahl eines Kinderwagens spielen die speziellen Lebensumstände Ihrer Familie eine wichtige Rolle – und natürlich das Ihnen zur Verfügung stehende Budget! Folgende Hinweise können Ihnen beim Kauf aber behilflich sein:

◎ Wenn Sie zu Ihrer Wohnung viele Treppen steigen müssen, brauchen Sie eine herausnehmbare, möglichst leichte Tragetasche. Softtragetaschen eignen sich meist besser als Babyschalen aus Kunststoff. Sie sind leichter und in engen Treppenaufgängen weniger sperrig.

◎ Wenn Sie viel spazieren gehen wollen und dabei Ihren Einkauf erledigen können, lohnt sich die Anschaffung eines stabilen Modells mit Ablagefläche oder großen Taschen. Allerdings bieten die wundervollen stabilen Kinderwagen mit den großen, hohen Reifen den Nachteil, dass sie oft untauglich für Regalreihen in Supermärkten und generell auf Rolltreppen

schwer zu halten sind. Der öffentliche Nahverkehr ist mit relativ schweren Modellen kaum zu meistern. Probieren Sie unbedingt aus, ob der Wagen auch in Ihr Auto passt! Es gab schon häufiger Autoneukäufe, weil der Kinderwagen nicht in den alten Wagen hineingepasst hatte. Überlegen Sie, ob Sie für die kurze Nutzungszeit von nur sechs bis acht Monaten nicht nach einem gebrauchten Modell suchen sollten.

◎ Kinderwagen für Zwillinge, Drillinge oder für zwei Kinder verschiedenen Alters gibt es in verschiedenen Varianten. Viele Eltern beschreiben ihre Erfahrung als besonders positiv mit Kindern verschiedenen Alters, wenn diese in »Tandemkinderwagen« chauffiert werden. Bei dieser Variante sitzen die Kinder hintereinander. Bei Zwillingen bevorzugen Eltern die Modelle mit nebeneinanderliegenden Sitzen, da so ein immer wiederkehrender Streit über das Sitzen im vorderen Wagen vermieden wird. Beide Varianten sind aber nicht besonders leicht zu manövrieren und schwer zu tragen.

Wickeltasche

In die Wickeltasche gehören zwei bis drei Wegwerfwindeln und ein Handtuch, auf das Sie Ihr Baby legen können, wenn Sie es unterwegs wickeln. Füllen Sie sich etwas Pflanzenöl in eine kleine Plastikflasche und packen Sie zusätzlich weiches Toilettenpapier oder Papiertaschentücher ein. Ein feuchter Waschlappen in einer verschließbaren Plastiktüte kann hilfreich sein.

Checkliste Kinderwagen-Ausstattung

Damit Ihr Baby sich im Wagen wohlfühlt, sollte er über folgende Merkmale verfügen:

- gute Federung,

- Korb oder Tragetasche, die groß genug ist, dass Ihr Baby darin schlafen und sicher liegen kann, bis es sich nach sechs bis sieben Monaten von allein hinsetzt,

- Kissen oder Wintersack für die kalte Jahreszeit oder eine dünne Decke für den Sommer,

- Wind- und Regenschutz für schlechtes Wetter,

- Insektenschutzvlies und gegebenenfalls ein kleiner Sonnenschirm,

- Tasche mit Wickelausrüstung für unterwegs (siehe Seite 21).

Zwei Spucktücher und ein Wechsel-T-Shirt für Sie, ebenso wie eine zusätzliche Kleidungsgarnitur für einen Windelunfall sind in heiklen Situationen fernab von daheim oft rettend. Oft schadet es auch nicht, einen Ersatzschnuller, ein kleines Bilderbuch und für größere Kinder eine Kleinigkeit zum Knabbern einzustecken.

Mit dem Auto

Wenn Sie Ihr Baby im Auto kutschieren wollen, brauchen Sie von der ersten Fahrt an (also schon von der Klinik nach Hause!) einen Autokindersitz. Die Verwendung solcher Sitze ist in Deutschland für Babys und Kinder gesetzlich vorgeschrieben! Sie müssen das Prüfsiegel (GS) und das gelbe ECE 44-03 oder ECE 44-04 Prüfnormzeichen tragen.

Es gibt sie für alle Altersstufen der Kinder, darunter nach vorne gerichtete Systeme und rückwärtsgerichtete Sitze. Für Neugeborene und Säuglinge werden rückwärtsgerichtete Babyschalen empfohlen. Sie können aber nur im ersten Lebensjahr verwendet werden, weil sie für ein Gewicht bis 13 kg konzipiert sind.

Wenn Ihr Wagen mit einem Beifahrer-Airbag ausgestattet ist, dürfen Sie die Babyschale nur montieren, wenn dieser ausgeschaltet ist. Ein sich entfaltender Airbag könnte Ihr Baby bei einem Unfall unter Umständen lebensgefährlich verletzen – daher bitte unbedingt kontrollieren!

Sie sollten den Sitz vor dem Kauf dringend in Ihrem Auto mit Ihrem Sicherheitsgurt ausprobieren, da nicht alle Modelle in jedes Auto passen! Die Babyschale sitzt richtig, wenn sie fest steht, nach beiden Seiten kein Spiel mehr hat und nicht hin und her wackeln kann.

Wenn Sie wieder zu Hause oder an einem anderen Ort angelangt sind, an dem Sie Ihr Baby flach hinlegen können, nehmen Sie es am besten bald aus seinem Autositz heraus. Die durch ihre Wölbung festgelegte Haltung ist für die Wirbelsäule und auch die Beinchen und Füße eines Babys belastend. Längere Autofahrten sollten Sie alle zwei Stunden unterbrechen, um Ihr Baby für eine halbe Stunde flach hinlegen zu können. Ein Sonnensegel an der Seite des Kindersitzes schützt im Sommer vor zu greller Sonneneinstrahlung und Überhitzung.

Mit dem Fahrrad

Ein Kindersitz auf dem Fahrrad verleiht Ihnen im Sommer (und nicht nur dann!) eine herrliche Mobilität fernab von sperrigen Kinderwägen und Parkplatzproblemen. Damit die Radtouren für alle ein Vergnügen werden, sollten Sie aber einige Dinge beachten. Nehmen Sie auf jeden Fall Ihr Fahrrad mit, wenn Sie sich einen Kindersitz kaufen. Nicht alle Modelle passen zusammen. Oft sind Bremszüge im Weg, sodass der

Stressig: Lange Autofahrten

Viele Neugeborene reagieren überanstrengt auf Autofahrten in halb aufrechter Position, da die Gehirnentwicklung noch Zeit braucht, um die vielen von außen kommenden Eindrücke verarbeiten zu können. Erst wenn Babys sich von allein aufrichten können, verkraften sie auch die vielen auf sie einströmenden Eindrücke besser.

Sitz nicht über dem Hinterrad montiert werden kann. Bei einem Fahrrad mit voll gefedertem Hinterbau ist eine Montage überhaupt nicht möglich. Ihr Kind muss stabil aufrecht sitzen können und sollte mit den Fingern nicht in offene Sattelfedern greifen können. (Entweder mit Klemmschutz abdecken oder einen anderen Sattel mit Elastomerfederung besorgen.)

Ihr Fahrrad bekommt mehr Standsicherheit, wenn Sie einen Zweibeinständer montieren. Halten Sie Ihr Fahrrad aber immer sicher fest, wenn Ihr Kind im Fahrradsitz sitzt. Fahrradanhänger sollen sich in Tests allerdings als sehr viel sicherer herausgestellt haben. Zusätzlicher Vorteil: Fahrradanhänger lassen sich problemlos zu Kinderwagen umfunktionieren. Und zwei Kinder lassen sich sowieso nur so transportieren.

Für Fahrradanhänger spricht außerdem, dass sich in ihnen schon sehr kleine Kinder (ab etwa drei bis vier Monaten) transportieren lassen. Immer vorausgesetzt, sie werden in einer speziellen Babyschale festgeschnallt. Diese kann auf der Sitzbank des Anhängers befestigt werden. Ein etwaiges Geschwisterkind hat dann immer noch Platz.

Im Fahrradsitz dagegen können Kinder erst mitfahren, wenn sie schon über längere Zeit hinweg alleine sitzen können. Auch müssen die Beinchen lang genug sein, um auf den Fußstützen zu stehen – sie können sonst nicht fixiert werden. Das ist meist erst mit einem guten Jahr der Fall. Zuvor können kleine Passagiere im Fahrradsitz nicht sicher transportiert werden.

STILLEN & ERNÄHRUNG

Stillbeginn

Praktische Anschaffungen

Als Zubehör fürs Stillen sind zwei gut zu waschende und schnell trocknende Still-BHs, einige atmungsaktive waschbare Stilleinlagen und eventuell ein großes Stillkissen sinnvoll.

◉ Ein Still-BH sollte aus Baumwolle oder Microfaser sein, damit Ihre Brust nicht eingeschnürt wird. Praktisch: Modelle, die mit einer Hand zu öffnen sind. Für manche Frauen sind auch Still-Bustiers in der Stillzeit angenehm. Egal welches Modell Sie auswählen, es sollte keine Bügel haben, weil sie die Brust leicht eindrücken und so zu einem Milchstau führen können.

◉ Ein Stillkissen ist ein fast zwei Meter langes Kissen, das Ihre Schultern und Unterarme entlasten kann, wenn Sie Ihr Baby beim Stillen darauf ablegen. Legen Sie es sich dazu in U-Form um Bauch und Rücken. Wenn Sie im Liegen stillen, können Sie Kopf und Rücken mit dem Stillkissen abstützen. Achten Sie beim Kauf darauf, dass das Modell nicht zu schwer ist, und wählen Sie zwei leicht auf- und abziehbare, waschbare Bezüge dazu.

◉ Die Anschaffung von sechs bis acht Spucktüchern (waschbare Mullwindeln) hat sich bewährt, um Ihre Kleidung vor eventuellem Überlauf beim Bäuerchen und bei Spuckbabys zu schützen.

Das erste Anlegen

Schön wäre es, wenn Ihr gesundes, am Termin geborenes Baby nach der Geburt warm zugedeckt auf Ihrer nackten Haut liegen darf, bis der erste Suchreflex auftaucht. Wenn es dann in Ruhe die Brustwarze finden und so lange es möchte trinken darf, haben Sie einen gelungenen Start in die Stillzeit! Der ununterbrochene Hautkontakt ist in der ersten Lebensstunde sehr wichtig. Es ist mittlerweile erwiesen, dass eine Trennung in dieser Phase zu Schwierigkeiten beim erfolgreichen Ergreifen und Saugen an der Brust führen kann.

In den ersten ein bis zwei Stunden nach der Geburt suchen und finden fast alle Babys ohne Hilfe die Brustwarze. Lassen Sie es ruhig ein bisschen Ausschau halten und sein Köpfchen hin- und herbewegen, bevor es die Brustwarze in den Mund nimmt.

Wenn Ihr Baby mit seinen Lippen die Brustwarze berührt, wird es wissen, dass es auf dem richtigen Weg ist. Sein Köpfchen wird sich immer mehr hin- und herbewegen und sein kleiner Mund wird sich dabei immer weiter öffnen. Erst wenn der Mund richtig weit geöffnet ist, ziehen Sie Ihr Baby nah an Ihren Körper heran. Achten Sie darauf, dass Ihr Baby nicht nur an der Brustwarze saugt, sondern die ganze Brustwarze und Teile des Warzenhofes umfasst. Der Milchfluss ist dann stärker. Sie werden schnell merken, dass selbst eine geschwollene Brust nur bei den ersten Zügen schmerzt. Sobald das »Andockmanöver« erfolgreich beendet ist, stellt sich auf beiden Seiten Wohlbehagen ein.

Das erste Stillen wird wahrscheinlich in liegender Position stattfinden (siehe Seite 32). Ein Kissen zwischen Ihren Beinen kann vor allem nach der Geburt angenehm sein, wenn Sie eine längere Zeit entspannt auf der Seite liegen wollen. Es ist wirklich nicht nötig, dass Sie Ihre Brust eindrücken, um dem Baby Platz zum Atmen zu schaffen. Babys finden immer eine Lücke, um genügend Luft zu bekommen, wenn sie an der Brust liegen. Falls Sie Ihr Baby in sitzender Position anlegen (siehe Seite 32), ziehen Sie es nah an den Körper und unterstützen dies mit einem Kissen oder mit einer Stillwurst.

Die ersten Tage und Wochen

In den ersten Tagen empfiehlt es sich, an beiden Brüsten anzulegen, um die Milchproduktion gut zu stimulieren. In den ersten beiden Lebenstagen bekommt Ihr Baby abhängig von der Stimulation an der Brust pro Mahlzeit sieben bis 14 ml des hochkonzentrierten Kolostrums, der Vormilch. Ihr Baby wird ausreichend Milch bekommen, wenn es zwischen acht- und zwölfmal in 24 Stunden gestillt wird. Die Abstände zwischen den Stillmahlzeiten sollten allerdings nicht länger als vier Stunden vom Beginn des Trinkens bis zum nächsten Anlegen betragen. Wecken Sie Ihr Baby daher ruhig auf, wenn es zu lange schlafen will.

 Pflege für gereizte Brüste

Wenn Ihre Brüste anfangs gereizt auf die ungewohnte Beanspruchung reagieren, hilft am besten die Pflege mit Muttermilch. Drücken Sie nach jeder Brustmahlzeit noch etwas Milch aus der Brust und reiben Sie damit Warze und Warzenhof ein (wie mit einer Creme). Das anschließende Antrocknen hilft, die gereizte Haut nach ein paar Tagen unempfindlicher zu machen.

Nach sechs bis sieben Tagen wird es meist ausreichen, wenn Sie Ihr Baby nur noch an einer Seite pro Mahlzeit anlegen. Die Brust wird dann gut entleert. Wenn Ihr Baby nach 15 bis 30 Minuten von allein loslässt und zufrieden ist, hat es genug getrunken. Wenn es weiter sucht, bieten Sie auch noch die zweite Seite an. Bei der nächsten Mahlzeit beginnen Sie dann mit der noch nicht genutzten Seite. Es wird bei den ersten Zügen recht schnell und konzentriert saugen und dann nach ein paar Minuten langsamer mit kleinen Pausen weiter trinken. Dies ist ganz normal, weil es für die fetthaltigere Milch, die nach zehn bis 15 Minuten vorhanden ist, etwas mehr Zeit zum Trinken braucht. Ihr Baby sollte innerhalb von 24 Stunden an jeder Brust in drei Positionen getrunken haben, um die Brust gut zu entleeren.

Stillpraxis

Richtig anlegen

Wenn Sie eine gute und bequeme Stillposition gefunden haben, ist es wichtig, Ihr Baby richtig anzulegen. Sie erleichtern damit nicht nur Ihrem Baby die Nahrungsaufnahme. Auch Sie selbst profitieren davon: Eine gute Anlegetechnik hilft, Schwierigkeiten wie wunde Brustwarzen (siehe Seite 36), Milchstau (siehe Seite 37) oder eine träge Milchproduktion (siehe Seite 39) zu verhindern und zu beheben.

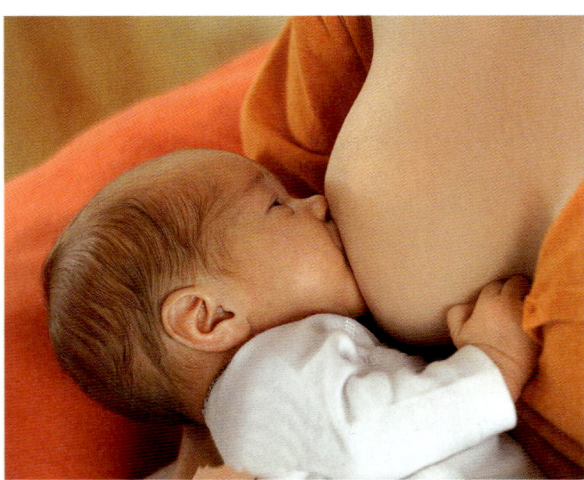

Gut angedockt: Wenn Nase und Kinn die Brust berühren, kann Ihr Baby richtig saugen.

- Achten Sie darauf, dass Ihr Kind Ihnen mit dem ganzen Körper zugewandt ist. Wenn es den Kopf drehen muss, um an die Brust zu gelangen, müssen Sie die Haltung korrigieren.
- Die Oberlippe Ihres Babys sollte etwa auf Höhe Ihrer Brustwarze liegen.
- Warten Sie, bis Ihr Baby zu suchen beginnt. Bieten Sie ihm die Brust erst an, wenn es das Mündchen weit geöffnet hat.
- Wichtig ist, dass Ihr Baby nicht nur an der Brustwarze nuckelt, sondern auch Teile des Warzenhofes im Mund verschwinden.
- Achten Sie darauf, dass Ihr Kind richtig saugt und nicht nur nuckelt. Wenn Sie sehen, dass sich das Kiefergelenk am Ohr leicht bewegt, macht es wahrscheinlich richtige Saugbewegungen.

Rhythmus

Bieten Sie die Brust immer an, wenn Ihr Baby Interesse daran zeigt. Im Bauch war es kontinuierlich mit Nahrung versorgt und so muss es sich erst einmal daran gewöhnen, dass es Pausen zwischen Mahlzeiten gibt. Der Magen eines neugeborenen Babys hat am ersten Tag einen Durchmesser von 1,5 cm, und vergrößert sich bis zum zehnten Lebenstag nach häufigen Mahlzeiten auf einen Durchmesser von 3,7 cm. Kein Wunder, dass oft getrunken werden muss! Muttermilch ist leicht verdaulich und passiert Magen und Darm recht rasch. Sie müssen also keine Pausen zwischen den Mahlzeiten einhalten.

Am besten ist es, Ihr Baby so lange trinken zu lassen, wie es das möchte. Dabei gibt es Babys, die nach zehn Minuten satt sind und andere, die 30 bis 40 Minuten brauchen. Auch bevor die Brust viel Milch produziert, also in den ersten zwei bis drei Tagen, ist es sehr wichtig, dass Ihr Baby möglichst lange saugen darf. Ihr Körper bekommt so das starke Signal, dass er ein hungriges Neugeborenes versorgen muss.

Nach einer gewissen Zeit wird Ihre Milch dann tropfen oder sogar herausspritzen, sobald der Milchflussreflex bei Ihnen ausgelöst wird. Manche Frauen beobachten diesen Reflex in späteren Wochen sogar, wenn sie nur an ihr Baby denken oder es im Nebenraum zu hören ist. Nach rund vier bis sechs Minuten, wenn der Milchspendereflex ausgelöst wurde, gelangt die sättigende und kalorienhaltigere Hintermilch in die Milchgänge, die bis zu fünfmal fettreicher sein kann als die Vordermilch. Darum ist es wichtig, darauf zu achten, dass Ihr kleines Baby in den ersten Wochen nicht kürzer als 15 Minuten an der Brust saugt. Dann können Sie sicher sein, dass Ihr Baby gut gesättigt ist.

Das Motto für eine ausreichende Milchproduktion lautet ganz simpel: Je mehr Sie geben, desto mehr wird nachproduziert!

? So sagt Ihr Baby »Hunger!«

Ihr Baby und Sie werden sich wunderbar verstehen, wenn Sie von Anfang an auf seine kleinen Botschaften hören. Ihr Baby wird Ihnen durch folgende Signale zeigen, dass es trinken möchte:
- Unruhe,
- Bewegung von Armen und Beinen,
- rasche Bewegung der Augenlider,
- Schmatz- und Sauggeräusche.

Der anschließende Suchreflex äußert sich im Hin- und Herbewegen des Köpfchens und dem sich öffnenden Mund. Manchmal streckt Ihr Baby suchend die kleine Zunge heraus.

Oft werden Sie auch beobachten können, dass Ihr hungriges Baby versucht, sich die kleine Faust in den Mund zu stecken.

Wenn Sie früh auf die Hungersignale Ihres Babys reagieren, dockt es entspannter an.

Wachstumsschübe

Wenn Sie Ihr Baby über mehrere Monate hinweg ausschließlich stillen, werden Sie immer wieder Wachstumsschübe erleben. Dabei handelt es sich meistens um zwei bis drei Tage, an denen Ihr Baby häufiger als normal nach der Brust verlangt. Lassen Sie Ihr Kind gewähren! Nur so kann sich die von Ihnen produzierte Milchmenge steigern.

Diese Tage werden für Sie sehr anstrengend sein, weil sich in den Wochen davor schon so etwas wie eine Routine eingespielt hatte und nun wieder alles auf dem Kopf steht. Manche Babys trinken in halbstündigen Abständen oder legen Marathonmahlzeiten von zwei bis drei Stunden ein. Verzweifeln Sie nicht! Es handelt sich wirklich um absehbare Zeiträume. Schon nach wenigen Tagen wird der Alltag wieder einkehren. Mit diesen extremen Trinkphasen gehen auch besondere Entwicklungen in Ihrem Baby vor. Sie finden meist zu übereinstimmenden Zeitpunkten statt, an die sich die meisten Babys halten.

Schlupf-, Flach- und Hohlwarzen

Besondere Warzenformen sind kein Hindernis fürs Stillen! Sie werden daher keine der Hilfen brauchen, die als Unterstützung auf dem Markt angeboten werden.

◎ Drücken Sie vor dem Anlegen einfach einige Tropfen Muttermilch aus Ihrer Brust. Der Geruch des »Futters« kann Ihrem Baby den richtigen Motivationsschub für längere Andockversuche geben.

◎ Reiben Sie bei Ihrer Flachwarze mit zwei Fingern drehend mit sanftem Druck am Warzenhof, um Ihre Warze leicht geformt hervortreten zu lassen.

◎ Mit einer Handpumpe können Sie Ihre Warze sanft hervorziehen, bevor Sie Ihr Baby anlegen.

◎ Wenn Ihre Brustwarzen besonders geformt sind, sollten Sie Ihrem Baby in den ersten Lebenswochen keine Sauger, Schnuller oder Finger zum Lutschen anbieten. Dadurch kann es zu einer Saugverwirrung bei Ihrem Baby kommen. Wenn es gleich zu Anfang lernen darf, mit einer flachen oder eingestülpten Warze trinken zu lernen, wird es von Mal zu Mal besser funktionieren.

 TIPP

Egal, für welche Stillposition Sie sich entscheiden, auf jeden Fall sollten Sie »das Kind zur Brust und nicht die Brust zum Kind führen«. So beugen Sie Verspannungen und Fehlhaltungen vor. Am besten korrigieren Sie Ihre Haltung auch während des Stillens immer wieder. Spüren Sie dazu in Richtung Schultern und Arme und lassen Sie diese ganz bewusst entspannt hängen. Polstern Sie sich Ihren Rücken auch mit Kissen, wenn Sie sich zwischen den Schulterblättern oder im Rücken verspannen.

Erfolgreich stillen

- Bis die Stillbeziehung sich eingespielt hat, brauchen Sie beide eine ruhige Atmosphäre. Stellen Sie das Telefon leise und bitten Sie Angehörige, Sie für eine halbe Stunde nicht zu stören.
- Liegen oder sitzen Sie bequem und entspannt, eventuell mit Unterstützung von Kissen oder einer Stillwurst.
- Halten Sie Ihr Baby nah an Ihrem Körper – zueinander gewandt.
- Lassen Sie Ihr Baby an der Brust riechen, sie durch Hin- und Herbewegung des Köpfchens suchen und warten Sie, bis es den Mund weit öffnet, bevor Sie ihm die Brust anbieten.
- Bieten Sie Ihre Brust im »C-Griff« an. Dazu legen Sie Ihre Finger flach unter die Brust (mindestens 3 cm von der Brustwarze entfernt) und Ihren Daumen lose auf die Brust (siehe Bild 1).
- Vergewissern Sie sich, dass es viel von der Brustwarze und vom Warzenhof im Mund hat.

- Schauen Sie nach, ob Ihr Baby seine Unterlippe ausgestülpt hat (siehe Bild 2).
- Stellen Sie sicher, dass das Kinn Ihres Babys nah an Ihrer Brust ist.
- Drücken Sie bei harten Brüsten etwas Milch aus Ihrer Brust, wenn Ihr Baby Schwierigkeiten hat anzudocken.
- Lassen Sie Ihr Baby häufig genug an der Brust trinken. Acht bis zwölf Mahlzeiten sind am Anfang normal und zu empfehlen.
- Lassen Sie Ihr Baby solange es möchte an der Brust trinken, am besten, bis es satt ist und von alleine loslässt.
- Wecken Sie Ihr Baby, wenn es zwischen den Mahlzeiten zu lange schläft und nicht ausreichend zunimmt.
- Legen Sie zwei bis drei Ruhetage im Bett ein, wenn Sie das Gefühl haben, dass die Milchproduktion nicht ausreicht und Ihr Alltag sehr hektisch ist.

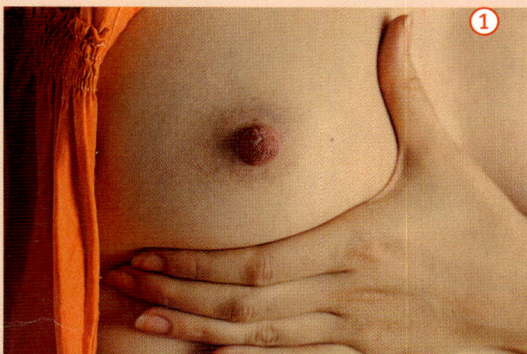

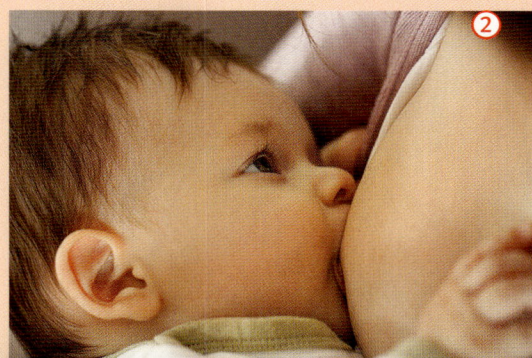

Stillpositionen

Stillen im Liegen

Legen Sie sich dazu ganz auf die Seite. Ihr Kopf sollte so gebettet sein, dass Sie Ihr Baby sehen können, ohne den Kopf anzuspannen oder sich mit dem Arm abzustützen. Kissen oder eine Decke können Ihren Rücken stützen. Legen Sie sich mit Ihrem Baby Bauch an Bauch. Sein Mund befindet sich dabei auf Höhe der Brustwarze. Legen Sie Ihren unten liegenden Arm um Kopf und Rücken Ihres Kindes und bieten Sie ihm mit der zweiten Hand die Brust im »C-Griff« (siehe Seite 31) an. Reizen Sie Ihr Baby mit der Brustwarze an der Unterlippe, bis es seinen Mund weit öffnet. Ziehen Sie Ihr Baby dann nah an sich heran. Wenn es gut angelegt ist, können Sie Ihren unteren Arm lockern.

Falls Sie Ihr Baby zum Trinken an der anderen Brust nicht herumhieven wollen, legen Sie einfach ein dickes Kissen unter Ihr Baby und drehen Ihre obere Schulter weiter in seine Richtung, damit es auch diese Brustwarze erreichen kann.

Stillen im Sitzen: Wiegengriff

Nehmen Sie dazu Ihr Baby so in den Arm, dass es Ihnen mit Gesicht, Bauch und Beinen zugewandt ist. Der Kopf liegt in Ihrer Armbeuge und der untere Arm Ihres Babys liegt in Richtung Ihrer Taille. Achten Sie darauf, dass Ihr Baby gerade liegt – es sollte nicht in der Mitte »durchhängen«. Streichen Sie nun mit der Brustwarze über die Unterlippe Ihres Babys. Sobald das Mündchen

Wenn Sie im Liegen stillen, schützt ein zusammengerolltes Handtuch Ihr Baby vor dem Zurückrollen.

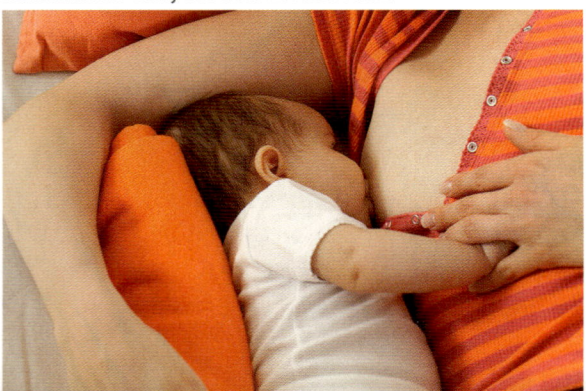

Beim Stillen sollte Ihr Baby gerade liegen. Stützen Sie es mit einem Kissen oder Ihrem Unterarm.

weit geöffnet ist, führen Sie es mit einer raschen Bewegung zu Ihrer Brust und achten darauf, dass Warze und Teile des Warzenhofes im Mund sind.

Stillen im Sitzen: Rückengriff

In dieser Position liegt Ihr Baby Ihnen zugewandt an Ihrer Seite mit den Füßen nach hinten in Richtung Ihres Rückens. Um Ihr Baby in eine genügend hohe Lage zu bringen, müssen Sie mit zwei bis drei Kissen oder einer Stillwurst Ihren Unterarm abstützen, der den Rücken Ihres Babys hält. Der Kopf Ihres Babys liegt in Ihrer flachen Hand. Bieten Sie Ihrem Baby mit der anderen Hand die Brust wie beschrieben an (siehe Seite 32). Achten Sie darauf, dass Sie sich nicht zu Ihrem Baby hinunterbeugen, sondern Ihr Baby im Gegenteil immer zu sich hochheben. Ihr Baby würde sonst richtig an der Brust »hängen«. Der starke Zug könnte wunde Brustwarzen oder sogar Hautrisse zur Folge haben.

Legen Sie Ihr Baby auch im Rückengriff an. Die Brust wird so gleichmäßig und vollständig geleert.

Zwei und mehr Kinder stillen

Die Regeln zum erfolgreichen Stillen (siehe Seite 31) gelten für Zwillinge und Drillinge natürlich genauso. Mit einer guten Stimulation der Brust durch reifgeborene hungrige Babys oder durch eine elektrische Milchpumpe bei frühgeborenen Babys können Sie zwei bis drei Liter Milch am Tag produzieren.

Wenn Sie beide Kinder gleichzeitig stillen wollen, können Sie zwischen drei Stillpositionen wählen. Legen Sie die Kinder abwechselnd links und rechts an.

◎ Liegende Position: Sie packen rechts und links in Brusthöhe einige Kissen und legen Ihre Kinder erhöht neben sich. Nacheinander ziehen Sie dann jedes auf Ihren Oberarm, sodass sie in Seitenlage in Höhe der Brustwarze liegen und gut andocken können.

◎ Sitzend, mit doppeltem Rückengriff: Legen Sie dazu ein Stillkissen oder eine gefaltete Decke von hinten um Ihren Rücken und lassen Sie die beiden Enden nach vorn schauen. Dann legen Sie zwei Babys auf diese Wurst, sodass beide in Seitenlage mit ihren Köpfchen vor der Brustwarze liegen.

◎ Sitzend, ein Baby im Rückengriff und ein Baby im Wiegengriff: Das fällt vielen Frauen am leichtesten, wenn sie eine Stillwurst vor sich auf den Schoß legen und die Babys darauflegen können.

◎ Aber auch das einzelne Stillen der Babys ist möglich und anfangs sogar oft leichter, weil Sie Ihre Kinder ohne fremde Hilfe anlegen können. Jedes einzelne erhält dabei die volle Aufmerksamkeit.

Abpumpen und Abstillen

Abpumpen von Muttermilch

Für das regelmäßige Sammeln von Muttermilch hat sich der Einsatz einer elektrischen Milchpumpe am besten bewährt. Sinnvoll sind elektrische Intervallmilchpumpen mit Doppelpumpsets, da sie die Zeit des Abpumpens verkürzen. Es werden unterschiedliche Typen verkauft und von Apotheken verliehen. Geben Sie daher nicht sofort auf, wenn Sie mit einem System nicht zurechtkommen.

Abgepumpte Muttermilch schmeckt Ihrem Baby auch aus der Flasche. Dazu pumpen Sie am besten zwei Stunden nach dem Stillen eine Brust ab und beginnen mit dem Sammeln. Leichter fällt das Abpumpen, wenn Sie an einer Seite stillen und an der anderen Seite pumpen, weil der Milchflussreflex so schon ausgelöst ist. Im Kühlschrank können Sie Ihre Milch bei 4 bis 6 °C für bis zu 72 Stunden aufbewahren und bei Bedarf im Wasserbad langsam auf 37 °C erwärmen, um sie zu verfüttern. Die Milch darf nur einmal erwärmt werden! Bei längerer Lagerung frieren Sie die Milch in möglichst kleinen Portionen ein. Sie ist bei -18 °C bis zu sechs Monate haltbar.

Stillen im Beruf

Auch wenn Sie schon wenige Wochen oder Monate nach der Geburt wieder in den Beruf einsteigen wollen, muss dies nicht mit dem Abstillen verbunden sein. Laut Mutterschutzgesetz stehen Ihnen für die gesamte Stillzeit Pausen zum Anlegen oder Abpumpen zu (siehe Seite 162). Gut ist es natürlich, wenn die Stillbeziehung schon sicher etabliert ist, wenn Sie wieder in den Job einsteigen. Die Milchmenge ist dann in jedem Fall ausreichend und Ihrem Baby wird die Umstellung auf das Fläschchen leichter fallen.

Wenn Sie sich für das Abpumpen entscheiden, werden Sie mit einer elektrischen Milchpumpe am besten zurechtkommen. Zusätzlich brauchen Sie Fläschchen, Zubehör, einen Sterilisator (siehe Seite 16) sowie eine Kühlmöglichkeit für die abgepumpte Muttermilch an Ihrem Arbeitsplatz. Auch eine kleine Kühltasche, mit der Sie die abgepumpte Milch nach Hause transportieren können, ist praktisch.

Am besten beginnen Sie zwei Wochen vor Arbeitsbeginn mit dem Abpumpen. So haben Sie für die ersten Arbeitstage einen ausreichenden Vorrat. Planen Sie eine

Übergangsphase von ein bis zwei Wochen ein, in der Sie der Person, die in Ihrer Abwesenheit die Betreuung Ihres Kindes übernimmt, alle Eigenheiten, Vorlieben und Pflegerituale genau erklären. So können Sie sicher sein, dass Ihr Kind gut versorgt ist, während Sie arbeiten. Und auch Ihr Baby kann sich an die neue Situation gewöhnen.

Abstillen im Wochenbett

Wenn Sie bereits im Wochenbett abstillen wollen oder müssen, besteht die beste Methode darin, jedes Mal wenn Ihre Brüste unangenehm voll sind und schmerzen, ein wenig Milch sanft auszustreichen. Fragen Sie Ihre Hebamme nach der besten Methode. Trinken Sie dazu Salbei- oder Pfefferminztee und tragen Sie einen bequemen, gut sitzenden BH. Auch Quarkumschläge tun Ihnen jetzt wahrscheinlich gut. Abstillmedikamente sollten erst als letzte Möglichkeit erwogen werden, da sie schwere Nebenwirkungen hervorrufen können.

Schnelles Abstillen

Wenn Sie zu einem festen Zeitpunkt mit dem Stillen aufhören möchten, wäre es schön, wenn Ihr Baby schon an zwei bis drei Breimahlzeiten gewöhnt wäre. Die Ablösung von der Brust wird ihm dann leichter fallen. Gehen Sie danach folgendermaßen vor:

- Lassen Sie alle zwei bis drei Tage eine Stillmahlzeit weg. Ersetzen Sie diese Mahlzeit altersentsprechend für Ihr Baby durch künstliche Milch oder Beikost und führen Sie das Trinken von Wasser mit einem Becher ein (siehe Essensplan Seite 48).
- Geben Sie Ihrem Baby möglichst zusätzliche Aufmerksamkeit und Zuwendung. Die neue Situation könnte Ihr Baby sonst verunsichern.
- Bei unangenehm vollen, stark geschwollenen Brüsten hilft es, so viel Milch auszustreichen, bis sie sich wieder gut anfühlen.
- Tragen Sie einen gut sitzenden, nicht einengenden BH. Vielen Frauen tun Quarkwickel gut.

Sanftes Abstillen

Das Abstillen kann sich aber auch über Monate hinziehen. So können Sie sich und auch Ihr Baby auf Ihre Art und Ihr Temperament abgestimmt davon verabschieden. Befolgen Sie dazu einfach die Hinweise, die zur Einführung der Beikost gegeben werden (siehe Seite 44). Sie können Ihr Baby so lange stillen, wie Sie beide dies als angenehm empfinden.

TIPP

Alle Mütter haben in Deutschland Anspruch auf Hebammenhilfe. Wenn Sie Fragen zum Abstillen oder zur Beikosteinführung haben, wird Ihre Hebamme Sie gerne beraten.

Probleme, die beim Stillen auftreten können

Wunde Brustwarzen

Der häufigste Grund für wunde Brustwarzen ist eine Anlegetechnik, die noch verbessert werden kann (siehe Seite 28). Die in den ersten Tagen üblichen kurzen Andockschmerzen sind »normal«. Mit folgenden Hinweisen können Sie den Heilungsprozess unterstützen:

◎ Überprüfen Sie als Erstes die Anlegetechnik. Wenn Ihr Baby nicht richtig andockt, nehmen Sie es von der Brust und legen es neu an. Wenn Sie Ihrem Baby den kleinen Finger vorsichtig in den Mundwinkel stecken, können Sie das Saugvakuum lösen und ihr Baby zum Loslassen der Brustwarze bewegen.

◎ Lassen Sie permanent Luft und wenn möglich auch Sonne an die Brustwarzen. Sie können zusätzlich auch Brustwarzenschoner tragen, die es als fertiges Produkt in Apotheken gibt. Damit wird eine Reibung der Warzen an BH oder anderer Kleidung verhindert. Tragen Sie Stilleinlagen nur aus atmungsaktiven Materialien wie Baumwolle, Seide und Wolle.

◎ Wärmen Sie vor dem Anlegen die Brust, damit die Milch leichter fließt und ihr Baby nicht so stark saugen muss, um sie zu entleeren.

◎ Legen Sie häufig an und ändern Sie regelmäßig die Stillpositionen, damit Ihr Baby die schmerzende Stelle nicht immer in gleicher Weise in den Mund nimmt. Eine Einschränkung der Stillhäufigkeit und Stilldauer hat sich weder als Präventionsmaßnahme noch effektive Behandlung bei wunden Brustwarzen herausgestellt.

◎ Nur wenn Sie vor Schmerzen Ihr Baby gar nicht mehr anlegen können, ist eine Stillpause von zwei bis drei Tagen zu empfehlen, bei der Sie Ihre Brust entweder von Hand oder vorsichtig mit einer mechanischen oder elektrischen Milchpumpe entleeren.

◎ Vielleicht empfinden Sie eine der zahlreichen angebotenen Brustwarzencremes, wie etwa Salben aus Wollfett, als angenehm. Verwenden Sie solche Mittel aber nur nach dem Stillen und sehr sparsam!

◎ Wenn Sie richtige Risse und nässende Verletzungen an den Brustwarzen haben, müssen Sie auf jeden Fall Ihre Hebamme oder Ihren Gynäkologen konsultieren, die Ihnen mit speziellen Wundauflagen oder Salben helfen können.

Außerdem sollten Sie auf ein eventuell verkürztes Zungenbändchen beim Baby achten. Das liegt vor, wenn die Zunge nicht über die untere Zahnleiste gestreckt werden kann. In solchen Fällen steht ein ärztlicher Besuch an, der die weitere Behandlung veranlasst.

Soor (Pilzerkrankung)

Wenn Ihre Brustwarzen anhaltend entzündet sind und auf die oben stehenden Behandlungsvorschläge gar nicht ansprechen, ist möglicherweise eine Pilzerkrankung (Soor) die Ursache. Vielleicht fällt Ihnen eine Rötung der Brustwarzen auf. Oder die Haut ist rissig, schuppig und juckt. Oft wird auch das Anlegen als schmerzhaft empfunden.

Manchmal tritt bei Ihnen aber auch keines dieser Symptome auf. Überprüfen Sie dann, ob ihr Baby weiße Beläge in der Wangentasche oder an der Mundschleimhaut hat. Sollte das der Fall sein, müssen Sie und Ihr Kind sich gleichzeitig gegen Soor behandeln lassen. Um eine Neuinfektion zu verhindern, ist nun gründliche Hygiene wichtig. Waschen Sie Ihre tägliche Wäsche bei 90 °C, kochen Sie Sauger, Schnuller, Beißringe und Fläschchen täglich aus und wischen Sie auch regelmäßig die Spielsachen mit Seifenwasser ab.

Milchstau

Fast jede Frau macht mindestens einmal während ihrer Stillzeit Bekanntschaft mit dieser schmerzhaften Überdehnung der Milchgänge. Ein rascher Behandlungsbeginn verhindert, dass der Milchstau sich zur Mastitis entwickelt. Ihre kranke Brust fühlt sich hart und knotig an. Sie schmerzt an der gestauten Stelle und ist viel wärmer als das umgebende Gewebe.

Die Behandlung des Milchstaus besteht vor allem darin, seine Ursache zu finden und zu beheben. Meist wurde die Brust nur unzureichend entleert oder die Abstände zwischen den Mahlzeiten waren zu lang. Manchmal liegt es auch daran, dass Bereiche des Drüsengewebes gedrückt werden. Dann kann ein zu enger BH oder ein Stillhütchen einen Milchstau verursachen. Oft stecken auch starke körperliche oder seelische Belastungen dahinter, die zu einem eingeschränkten Milchspendereflex führen. Der Milchstau ist immer verbunden mit einem Abflussproblem der gebildeten Milch. Schnelle Abhilfe ist wichtig, um eine Brustentzündung zu verhindern. Folgende Tipps helfen:

◎ Legen Sie zwei bis drei Ruhetage mit möglichst viel Bettruhe ein, um die Heilungsbemühungen Ihres Körpers zu unterstützen.

◎ Legen Sie Ihr Baby so an, dass es mit seinem Unterkiefer in Richtung des gestauten Bereichs trinkt. Die Zunge kann dann besonders gut beim Ausmelken der Stelle helfen.

◎ Auch eine sanfte Massage vom gestauten Bereich zur Brustwarze hin lässt die Milch leichter fließen.

◎ Behandeln Sie den gestauten Bereich fünf Minuten mit einem warmen, feuchten Waschlappen, bevor Sie Ihr Baby anlegen.

◎ Legen Sie Ihr Baby häufiger und immer an der gestauten Brust zuerst an.

◎ Wenn das Brustgewebe so gespannt ist, dass Ihr Baby nicht andocken kann oder wenn es zu lange schläft, entleeren Sie die Brust vor dem Anlegen um die Warze herum mit der Hand oder auch mithilfe einer Pumpe.

◎ Quarkauflagen oder Auflagen von gekühlten Weißkohlblättern für 20 Minuten sind angenehm.

Brustdrüsenentzündung (Mastitis)

Wenn nach 24-stündiger Behandlung eines Milchstaus keine deutliche Besserung Ihres Befindens eintritt, besteht die Möglichkeit, dass Sie eine Mastitis, eine Brustdrüsenentzündung, entwickeln.
Dabei kann das Überdehnen der Milchdrüsen so stark werden, dass sie aufreißen und Milch in umliegendes Gewebe drücken. Zu den ersten Symptomen gehören

◎ Kopf- und Gliederschmerzen,

◎ Schüttelfrost und sich schnell entwickelndes Fieber bis 40 °C,

◎ Allgemeines Unwohlsein, evtl. Kopf- und Gliederschmerzen, Übelkeit.

Ihre Hebamme wird Sie nach einer anfänglichen Behandlung auf jeden Fall zu einer Gynäkologin oder ins Krankenhaus überweisen, damit Sie mit Medikamenten weiterbehandelt werden können. Meistens werden Antibiotika eingesetzt. Diese Medikamente werden stillverträglich sein, damit Sie Ihr Baby weiter stillen

können. Zusätzlich zu allen beim Milchstau beschriebenen Maßnahmen können Fieber- und Schmerzmittel, (wie zum Beispiel Paracetamol®) eingesetzt werden. Ihre Krankheitszeit wird ca. zehn bis 14 Tage betragen. Sie brauchen also auf jeden Fall eine Haushaltshilfe und eine zuverlässige Betreuung für Ihre größeren Kinder. Sie kann auch verordnet werden. Ihre Hebamme wird Sie weiterhin bei Hausbesuchen mit Tipps unterstützen und den Fortschritt Ihrer Genesung begleiten.

Krämpfe in der Brustwarze

Krämpfe in den Brustwarzen sind mit großem Schmerz verbunden. Mit folgenden Hinweisen gelingt es aber hoffentlich, ein wenig Abhilfe zu schaffen:

◎ Halten Sie Ihre Brust mit Wollunterhemden oder wärmenden Tüchern im BH warm.

◎ Massieren Sie die Brust fünf Minuten und drücken Sie vor dem Anlegen schon etwas Milch heraus.

◎ Eine große Tasse schwarzer Tee vor dem Anlegen kann beim Weiterstellen kleiner Blutgefäße helfen. Kaffee verschlimmert die Krämpfe eher.

◎ Vielleicht hilft Ihnen das Anwärmen der Brust mit einer Wärmflasche vor dem Anlegen oder das Kühlen mit einem kalten Lappen oder (sogar) Eis.

Zu viel Milch

Die Angst, zu wenig Milch für ihr Baby zu haben, ist bei den meisten Frauen naturgemäß ausgeprägter als die Befürchtung, zu viel Milch zu produzieren. Aber auch dies kann sehr unangenehm sein. Die Babys verschlucken sich dann, lassen die Brust immer wieder los, weinen und bäumen sich auf – obwohl sie gut zunehmen und offensichtlich gedeihen. Abhilfe können Sie schaffen, wenn Sie in diesem Fall nur noch eine Brust pro Mahlzeit anlegen. Nach einer leichten Brustmassage oder einer fünfminütigen Auflage eines feuchtwarmen Waschlappens können Sie aus der anderen Brust sanft die überschüssige Milch ausstreichen. Dies allerdings nur, bis die Spannung etwas nachlässt, damit die Milchproduktion nicht noch mehr angeregt wird. Kalte Quarkwickel (für 20 Minuten) lindern den Druckschmerz. So reguliert die Milchproduktion sich meist von selbst. Zusätzlich können Sie auch für einige Tage (aber nicht länger als etwa vier bis fünf!) täglich ein bis vier Tassen Salbei- oder Pfefferminztee trinken.

Zu wenig Milch

Das Wichtigste vorweg: Die wenigsten Mütter haben für ihr gesundes, am Termin geborenes Kind zu wenig Milch. So können Sie die Milchproduktion steigern:

- Legen Sie Ihr Baby häufig und an beiden Seiten mit mehrmaligem Seitenwechsel und Wechsel der Stillpositionen während einer Mahlzeit an. Achten Sie darauf, dass Ihr Baby optimal angelegt ist.
- Eine Brustmassage vor dem Stillen regt die Durchblutung, die Milchbildung und den Milchfluss an.
- Denken Sie daran, ausreichend Wasser (mindestens zwei Liter) zu trinken.

- Falls es Ihre zeitlichen Kapazitäten zulassen, kann das zusätzliche Abpumpen von Muttermilch mit einer elektrischen Intervallmilchpumpe die Milchbildung anregen.
- Gönnen Sie sich und Ihrem Baby zwei bis drei Ruhetage, die Sie überwiegend im Bett verbringen.
- Intensivieren Sie den direkten Kontakt zu Ihrem Baby. Halten Sie es viel und oft auf dem Arm. Das stärkt auch die Mutter-Kind-Bindung.

Nur wenn Ihr Baby tatsächlich zu wenig zunimmt, viel weint und auch an der Brust unglücklich bleibt, sollten Sie gemeinsam mit einer Hebamme, einer Stillberaterin oder Ihrem Kinderarzt in einem intensiven Beratungsgespräch herausfinden, ob Zufüttern für Sie und Ihr Baby die bessere Alternative wäre.

Krankheiten während der Stillzeit

Wenn Sie oder Ihr Baby während der Stillzeit erkranken, ist dies in den allermeisten Fällen kein Grund, das Stillen zu unterbrechen oder ganz damit aufzuhören. Im Gegenteil: Bei Husten, Schnupfen und Fieber trägt häufiges Anlegen sogar dazu bei, dass Ihr Baby schnell wieder gesund wird.

Auch wenn Sie selbst krank werden, brauchen Sie das Stillen nicht aufzugeben. Eine Erkältung oder ein Magen-Darm-Infekt haben keine Auswirkung auf die Milchproduktion. Wenn Sie Medikamente einnehmen wollen, kann Ihr Arzt Ihnen speziell stillverträgliche Arzneien verschreiben.

Fläschchen-Ernährung

Nicht nur Stillen kann ein inniges Erlebnis zwischen Mutter und Kind sein. Auch mit der Flasche können Sie beide es sich richtig gemütlich machen. Ihr Baby wird dann nicht nur satt, es bekommt gleich noch eine Extraportion Zuneigung. Das tut nicht nur Ihrem Kind gut, sondern stärkt zusätzlich die Mutter-Kind-Bindung. Suchen Sie sich daher einen bequemen Sessel, in dem Sie mit Ihrem Baby auch mal 20 Minuten und länger sitzen können, ohne zu verspannen.

Die richtige Milchnahrung

Es gibt Anfangsnahrung und Folgenahrung:

- »Pre«-Nahrung ist die Anfangsnahrung und kann wie Muttermilch nach Bedarf gefüttert werden. Diese können Sie Ihrem Baby im ganzen ersten Lebensjahr füttern. Das einzige zugelassene Kohlenhydrat in dieser Nahrung ist Milchzucker (Laktose). Fette sind in gesättigter und ungesättigter Form im Verhältnis 1:1 zugesetzt.
- »1«-Nahrung: Diese Anfangsnahrung hat mehr Kalorien als die »Pre«-Nahrung. Zusätzlich zum Milchzucker enthält sie Stärke und darf auch (überflüssigen) Zucker enthalten.
- »2«-Nahrung ist eine Folgenahrung, die nicht notwendig zur Ernährung Ihres Babys ist. Sie dürfen

TIPP

Bei der Produktauswahl ist ein Test der Zeitschrift Öko-Test vom Juni 2008 ein wichtiger Hinweis. Dort werden die getesteten Marken bekannt gegeben, die am wenigsten von dem Schadstoff 3-MCPD-Fettsäureester belastet sind. Dieser Schadstoff entsteht bei der Raffination von pflanzlichen Fetten und Ölen, die in jeder Kunstmilch enthalten sind.

sie daher nicht vor dem fünften Lebensmonat füttern, weil die zugefügten Stärkebestandteile vorher von Ihrem Baby nicht verwertet werden können. Sie muss immer exakt nach Herstellerangabe zubereitet werden, weil ein Zuwenig an Wasser die Nieren Ihres Babys überlasten kann. Sie darf nie nach Bedarf, sondern nur nach Mengenangabe des Herstellers verfüttert werden, da sonst eine Überfütterung mit Einlagerung von dauerhaften Fettzellen auftreten kann.

- »3«-Nahrung ist ebenfalls nicht notwendig für die Ernährung und darf nicht vor dem achten Lebensmonat gefüttert werden. Sie muss immer genau nach

Herstellerangabe zubereitet werden, weil ein Zuwenig an Wasser die Nieren Ihres Babys überlasten kann. Sie darf nie nach Bedarf, sondern nur nach Mengenangabe des Herstellers verfüttert werden, da sonst eine Überfütterung Ihres Babys mit Einlagerung von dauerhaften Fettzellen auftreten kann.

Praktische Anschaffungen

Standardflaschen finden Sie in den zwei Größen 125 ml und 250 ml. Die kleinen Flaschen sind bei Neugeborenen gut einsetzbar, weil der kleine Magen noch nicht so viel Nahrung aufnehmen kann. Sie werden aber bald die größeren Flaschen brauchen. Es gibt auch Flaschen mit einem weiteren Flaschenhals, die leichter zu befüllen und zu reinigen, aber etwas teurer sind.
Bei den Flaschensaugern gibt es eine große Auswahl:

- Latexsauger sind weicher und flexibler als Silikonsauger, entwickeln aber feine Risse und reissen durch ihre starke Beweglichkeit schneller ein. Sie sind daher nicht sehr lange haltbar. Silikonsauger sind fester und behalten ihre Form länger.
- Sauger sind mit verschiedenen Lochgrößen erhältlich. Je kleiner Ihr Baby ist, desto langsamer soll die Milch durch die Öffnung fließen. Die Saugerlochgröße sollte nicht zu viel Milch herauslassen, damit Ihr Baby sich nicht verschluckt. Aber auch zu kleine Lochgrößen sind ungeeignet, weil Ihr Baby dann beim Trinken eventuell zu schnell ermüdet und nicht genug zu sich nimmt.

- »Kieferangepasste« Sauger haben eine flachere und eine gewölbtere Seite, die dem Gaumen und Kiefer des Babys besser angepasst sein soll. Die flachere Seite soll auf der Zunge des Babys liegen.
- Sauger, die in ihrem Aussehen der Brustform ähnlich sehen, sollen den Übergang von der Flasche zur Brust erleichtern. Sie sind dann sinnvoll, wenn Sie diesen Übergang planen.

Checkliste Zubehör

- ein ausreichender Vorrat an »Pre«-Nahrung,
- 6 bis 8 Flaschen,
- 6 bis 8 Sauger,
- Kochtopf oder Dampfsterilisator zum Auskochen der Flaschen, Verschlusskappen und Sauger,
- Flaschenbürste,
- 4 bis 6 saubere, gebügelte Geschirrtücher,
- Thermosflasche,
- eventuell ein Flaschenwärmer,
- eventuell eine kleine Kühltasche,
- 6 bis 8 Spucktücher (Mullwindeln).

Fläschchen geben

Bei der Zubereitung der Flaschennahrung ist es wichtig, gewisse Hygiene-Regeln zu befolgen. So stellen Sie sicher, dass keine Krankheitserreger in die Milch gelangen. Spülen Sie die Flaschen, die Verschlusskappen und die Sauger unter heißem Wasser mit etwas Spülmittel und unter Zuhilfenahme einer nur zu diesem Zweck verwendeten Flaschenbürste für die Bodenränder ab. Alle Milchreste müssen gründlich entfernt sein.

Bei einem Dampfsterilisator gehen Sie zum Sterilisieren nach Anleitung vor. Beim Auskochen im Topf sollte alles Trinkzubehör zehn Minuten in sprudelndem Wasser kochen. Dann stellen Sie die Flaschen, Verschlusskappen und Sauger auf ein sauberes, gebügeltes Geschirrtuch und decken alles mit einem zweiten, ebenso sauberen, gebügelten Tuch ab. Falls die Sauger kleine Risse haben oder weicher werden, sollten sie erneuert werden. Tauschen Sie aber auch ohne diese eindeutigen Verschleißzeichen alle vier bis fünf Wochen die Sauger aus, da sie durch das Auskochen immer etwas weicher werden und nicht mehr so leicht keimfrei bleiben.

Zubereiten

◎ Die benötigte Wassermenge kochen und auf 50 °C abkühlen lassen.

◎ Die angegebene Pulvermenge in die trockene Flasche einfüllen. Hierbei beachten, dass immer gestrichen volle und nicht gehäufte Messlöffel gemeint sind.

◎ Mit der Hälfte des abgekochten Wassers und gut verschlossener Flasche die Mischung durchschütteln, danach die restliche Wassermenge einfüllen und noch einmal schütteln.

◎ Bei ungefährer Körpertemperatur verfüttern. Diese können Sie am besten überprüfen, wenn Sie die Flasche an Ihren Hals halten oder ein paar Tropfen Milch auf die Unterarminnenseite spritzen.

Füttern

◎ Halten Sie Ihr Baby in einer entspannten Haltung. Der Oberkörper kann ruhig etwas erhöht sein. Wenn es nach zehn bis 15 Minuten nicht mehr trinken mag, versuchen Sie bitte nicht, den eventuell vorhandenen Rest auch noch zu verfüttern.

◎ Legen Sie bei einem »Spuckbaby« kleine Pausen für Bäuerchen ein. Babys, die nicht spucken, brauchen Sie erst am Schluss hochzunehmen.

◎ Bereiten Sie die künstliche Nahrung immer erst frisch vor dem Verzehr zu. Wenn Sie eine Mahlzeit für die Nacht oder für einen Ausflug am Tag vorbereiten möchten, ist die Anschaffung einer neuen

Thermosflasche sinnvoll, in die Sie abgekochtes Wasser einfüllen können. Sie sind dann deutlich schneller mit der Zubereitung der Flasche.

Getränke neben Stillen und Flasche

Ihr Kind braucht bis zur Einführung von Beikost neben der Muttermilch oder Kunstmilch kein Extragetränk. Ausnahmen bilden da nur Erkrankungen wie hohes Fieber oder starker Wasserverlust bei Durchfall. Als Getränk im ersten Lebensjahr (und darüber hinaus) ist abgekochtes Trinkwasser ideal.

Wenn Sie Ihrem Kind Tees anbieten möchten, sollten diese auf jeden Fall ungesüßt sein. Instanttees enthalten oft Zucker in Form von Glucosesirup oder Maltodextrin, manchmal sogar Süßstoff im Granulat. Also Inhaltsangaben genau durchlesen und den Tee nicht anbieten, falls diese überflüssigen und sogar schädlichen

Blick- und Körperkontakt sind beim Fläschchen geben die wichtigsten Wohlfühlfaktoren.

Stoffe darin enthalten sind! Ein Tee sollte dünn sein und aus eher milden Sorten bestehen. Nach der Beikosteinführung kann eine Trinklerntasse praktisch sein. Falls Sie allerdings in einem Haus mit alten Bleirohren leben oder neue Kupferleitungen (bis zu zwei Jahre alt) gelegt wurden, sollten Sie Ihrem Baby kein Leitungswasser zum Trinken geben. In diesem Fall ist stilles, natriumarmes Mineralwasser das Getränk der Wahl. Verwenden Sie dasselbe Mineralwasser in diesem Fall auch zur Zubereitung der Säuglingsnahrung. Vergessen Sie aber nicht, das Wasser vorher abzukochen. Auch Wasser, das in Glas-, Plastikflaschen oder Tetrapacks eigens zur Zubereitung von Säuglingsnahrung angeboten wird, enthält Keime.

WICHTIG

Wärmen Sie niemals halb getrunkene Flaschen wieder auf! Bakterien finden die künstliche Nahrung mit dem Speichel Ihres Babys sehr nahrhaft. Nehmen Sie auch niemals warm gehaltene Nahrung mit. Auch in diesem Fall können sich gefährliche Bakterien gut vermehren.

Beikost einführen

Der richtige Zeitpunkt

Bei den meisten Babys merkt man ganz deutlich, wann sie bereit sind, neue Nahrungsmittel auszuprobieren. Wenn Ihr Baby beginnt, nach allem Essbaren auf Ihrem Teller zu greifen, wenn es Brot, Möhren, Kuchenkrümel und zu Boden gefallenes Müsli interessiert in den Mund stopft und dabei glücklich vor sich hinlutscht, ist der Zeitpunkt zur Einführung des ersten Breis wahrscheinlich gekommen.

Lassen Sie sich dabei aber nicht von Vorstellungen der Babykostindustrie, sondern von Ihren und den Bedürfnissen Ihres Babys leiten. Geltende Empfehlungen zur Einführung von Beikost legen nahe, dass ein gestilltes Baby ab dem siebten Lebensmonat und ein mit künstlicher Milch ernährtes Baby ab dem fünften Lebensmonat seinen ersten Brei kennenlernen darf. Bis zu diesem Zeitpunkt sind Babys noch mit dem Reifungsprozess von Magen, Darm, Galle und Nieren beschäftigt, die zur Verstoffwechselung von Beikost gebraucht werden. Mit sieben Monaten sind manche Babys schon an der neuen Erfahrung des Essens interessiert, andere mögen sich nur recht ungern von der Brust lösen. Sie können dann auch acht oder neun Monate voll stillen, ohne dass Ihr Baby einen Mangel leidet. Besprechen Sie dies am besten mit Ihrem Kinderarzt.

Der erste Brei

Als Einstieg wird ein Gemüsebrei empfohlen, der aus einer gekochten und pürierten Gemüseart zubereitet wird. Gut geeignet sind Möhren, Pastinaken oder Kürbis. Bieten Sie Ihrem Baby zunächst nur einige Löffel an. Steigern Sie die Gemüsemenge von Tag zu Tag, bis etwa 100 Gramm erreicht sind. Ergänzend stillen Sie nach Ihrem gewohnten Rhythmus oder geben die Flasche. Dann führen Sie das nächste Gemüse, eventuell angereichert mit einem Esslöffel Pflanzenöl, ein.

Bei ausschließlich gestillten Kindern gehen die Eisenspeicher bis zum Ende des sechsten Monats allmählich zur Neige und müssen durch Nahrung ergänzt werden. Deswegen wird empfohlen, mindestens ein- bis zweimal pro Woche 20 Gramm gekochtes, püriertes Fleisch in den Gemüsebrei zu geben.

Als erste vollwertige Mahlzeit wird allgemein ein Gemüse-Kartoffel-Brei empfohlen. Mit ihm können Sie allmählich eine Stillmahlzeit vollständig ersetzen. Lassen Sie sich dabei ruhig Zeit! Manche Babys essen erst einmal nur ein paar Löffel und die Breimenge steigert sich nur langsam. Auch das ist in Ordnung! Andere Babys dagegen kommen schon beim ersten Brei auf den Geschmack und sind mit Milch gar nicht mehr zufriedenzustellen.

So schmeckt der erste Brei

Die Einführung der Beikost ist für Eltern und Kinder gleichermaßen eine wichtige Zäsur. Je reibungsloser dieser Übergang klappt, desto harmonischer wird das Zusammenleben mit dem nun »großen« Baby. Um Fütterproblemen von Anfang an vorzubeugen, sollten Sie folgende Hinweise beherzigen.

◉ Diese neue Erfahrung machen einige Babys lieber, wenn sie schon eine gewisse Zeit an der Brust trinken durften und nicht mehr allzu hungrig sind. Bei anderen ist es günstiger, zuerst mit dem Brei zu beginnen und danach die Brust zum Stillen anzubieten.

◉ Da Ihr Baby es beim Stillen immer gewohnt war, nah an Ihrem Körper zu sein, ist es für den Anfang einfacher, es auf Ihrem Schoß zu füttern.

◉ In den meisten Fällen eignet sich dafür der späte Vormittag oder die Zeit nach dem Mittagsschlaf am besten für diese neue Lernerfahrung.

◉ Bleiben Sie erst einmal bei einer einzigen Sorte Brei. Ihr Kind kann sich so in aller Ruhe an den neuen Geschmack gewöhnen. Babys sind am Anfang auch mit wenig Abwechslung sehr zufrieden.

Gut verträgliche Lebensmittel

◉ **Gemüse:** Es eignen sich vor allem Gemüsesorten, die als besonders verträglich gelten. Dazu gehören Karotten, Hokkaidokürbis, Broccoli, Pastinaken, Blumenkohl, Kohlrabi, Zucchini und feine Erbsen.

◉ **Fleisch:** Als Fleischsorten eignen sich Rind, Kalb, Lamm und Pute. Bei Babynahrung sollte generell Biofleisch verwendet werden. Es ist weniger mit Schadstoffen belastet. Achten Sie auch darauf, wenn Sie Gläschen kaufen. Die guten Anbieter verwenden ausschließlich Bioprodukte, um das Risiko von Rückständen schädlicher Futterzusatzstoffe und Arzneimittel zu verringern.

◉ **Obst:** Bananen, geschälte und gekochte Äpfel, Birnen, Aprikosen, Nektarinen und Pfirsiche sind besonders mild. Auch Blaubeeren eignen sich, müssen aber vor der Verarbeitung aus hygienischen Gründen gut abgewaschen werden.

◉ Als Öle werden **Rapsöl** und **Maiskeimöl** empfohlen. Keine kalt gepressten Pflanzenöle, sondern nur raffinierte Öle verwenden! Auch Butter eignet sich als leicht verdauliche Fettzugabe.

WICHTIG

Da Babys in ihrer Säuglingszeit ihren Energiebedarf zu 50 Prozent aus Fetten abdecken müssen, verzichten Sie bitte nicht auf den Zusatz von Öl oder Butter bei selbst hergestellten Breien. Erst mit drei Jahren sollte ein Kind seinen Energiebedarf nur noch zu 30 Prozent aus Fetten abdecken.

Gemüse-Kartoffel-Brei

- 100 g Gemüse
- 50 g Kartoffeln
- 20 g mageres Fleisch oder 10 g feine Vollkornflocken
- 20 g Wasser und 2–3 EL Obstsaft oder Obstmus
- 1 EL Öl oder Butter (abwechselnd).
- **Zubereitung mit Fleisch:** Fleisch in wenig Wasser weich kochen und pürieren, dann klein geschnittenes Gemüse und Kartoffeln dazugeben und mit dem Fleischpüree garen. Danach Obstsaft dazugeben, noch einmal alles durchpürieren und 1 EL Öl oder Butter unterrühren.
- **Fleischlose Variante:** Die Vollkornflocken mit Wasser aufkochen und ca. 10 Minuten quellen lassen. Danach den Obstsaft oder das Obstmus unterrühren. Gekochtes Gemüse mit Flocken pürieren und Fett untermischen.

Getreide-Obst-Brei

Den nächsten Brei können Sie einführen, wenn es Ihnen beiden gelungen ist, eine ganze Stillmahlzeit zu ersetzen. Ab dem achten Lebensmonat bei gestillten und dem sechsten Lebensmonat bei nicht gestillten Babys wird eine Getreide-Obst-Mahlzeit empfohlen.

- 100 g Obstpüree
- 1 EL fein gemahlenes Vollkorngetreide (oder Vollkorn-Instantprodukt – nach Packungsbeilage zubereitet)
- 100 ml Wasser

- 5 g Öl oder Butter

Sie stellen den Brei her, indem Sie das Vollkornmehl mit Wasser verrühren, aufkochen und dann 2 Minuten köcheln lassen. Wenn es etwas abgekühlt ist, mit dem Obst pürieren und Öl oder Butter unterrühren.

Vollmilch-Getreide-Brei

Als dritte Mahlzeit steht bei Ihrem inzwischen erfahrenen Baby ein Vollmilch-Getreide-Brei auf dem Speiseplan. Sie können ihn Ihrem Stillbaby ab dem neunten Monat und Ihrem Flaschenkind ab dem siebten Monat anbieten.

Der klassische Vollmilch-Getreide-Brei besteht aus

- 200 ml Vollmilch
- 2 EL fein gemahlenem Getreide oder Vollkorngetreideflocken
- 4 EL Obstmus oder Obstsaft

Für diesen Brei kochen Sie das Getreide oder die Flocken in der Hälfte der Vollmilch auf. 2 Minuten unter Rühren kochen und dann etwas abkühlen lassen, bevor Sie das Obst oder den Obstsaft mit der restlichen Milch einrühren.

Trinken zum Brei

Bieten Sie bei oder nach der Mahlzeit stilles Mineralwasser aus einem Becher oder einer Trinklerntasse an, wenn Sie nicht mehr dazu stillen. Zur guten Verdauung braucht Ihr Baby jetzt 200 ml mehr Flüssigkeit am Tag pro ersetzter Still- oder künstlicher Milchmahlzeit.

Fertigbrei

Wenn Sie nicht selbst kochen möchten, können Sie die Babynahrung natürlich auch aus dem reichhaltigen Angebot an Fertigbreien auswählen. Eine gute Kontrolle der Schadstoffe und Nitratgehalte ist bei vielen Fertigprodukten zur Ernährung von Babys gegeben. Lediglich der Fettgehalt muss häufig mit einem Teelöffel Öl ergänzt werden.

Erwärmen Sie die Gläschen im heißen Wasserbad auf 37 °C. Vergessen Sie nicht, immer die Temperatur zu kontrollieren, bevor Sie Ihrem Kind davon anbieten. Obstgläschen schmecken Ihrem Baby auch kalt. Geöffnete Gläschen halten sich gewöhnlich bis zu zwei Tage im Kühlschrank. Nach der Erwärmung muss eine übrig

Der erste Brei schmeckt auf Mamas Schoß am besten. Die Nähe gibt Ihrem Baby Sicherheit.

gebliebene Menge aber immer weggeworfen werden. Achten Sie beim Kauf aber darauf, dass folgende Bestandteile möglichst nicht enthalten sind:

- ◎ Mehr als 2 Gemüsesorten, es sei denn, Ihr Baby hat sich bereits an die enthaltenen Gemüse gewöhnt.
- ◎ Nudeln und Reis, da Getreide erst später als Nahrungsmittel eingeführt werden sollte.
- ◎ Milch oder Milchprodukte sowie Eipulver, da es fremdes Eiweiß darstellt.
- ◎ Zucker – er ist ernährungsphysiologisch nicht gut.
- ◎ Honig, Ahornsirup können Erreger enthalten.
- ◎ Schokolade, Kakao belasten das Verdauungssystem.
- ◎ Gewürze, da Babys Haut reagieren kann.
- ◎ Konservierungsmittel oder Bindemittel, da sie nicht notwendig sind.

⚠ WICHTIG

Wie viel soll mein Baby essen?

Es wäre optimal, wenn Sie für den Aufbau einer kompletten Anfangsbreimahlzeit von etwa 200 Gramm drei bis vier Wochen Zeit haben. Geben Sie Ihrem Kind in dieser Zeit noch weiter die Brust, wenn es danach verlangt. Am Ende des ersten Lebensjahres steigert sich die Breimenge auf 250 Gramm pro Mahlzeit.

Babys Speiseplan fürs erste Jahr

	4–6 MONATE	7 MONATE	8–9 MONATE	12 MONATE
Morgens	Stillen oder Flasche	Stillen oder Flasche	Stillen oder Flasche	Getreideflocken-Obst-Milch-Müsli
Zwischenmahlzeit	Stillen oder Flasche	Stillen oder Flasche	püriertes Obst	eine dünne Scheibe Brot, dazu Rohkost aus Gemüse oder Obst
Mittags	Stillen oder Flasche und ab dem 5. Monat ein Gemüse-Kartoffel-Brei bei Kunstmilchfütterung	Gemüse-Kartoffel-Brei	Gemüse-Kartoffel-Fleisch-Brei oder Gemüse-Kartoffel-Vollkornflocken-Brei	Gemüse-Kartoffel-Brei und alles vom Familientisch, was nicht zu schwer verdaulich, zu stark gewürzt oder zu fett ist
Zwischenmahlzeit	Stillen oder Flasche	Stillen oder bei Kunstmilchfütterung Getreide-Obst-Brei	Getreide-Obst-Brei	eine dünne Scheibe Brot, etwas Obst oder ein Getreide-Obst-Brei
Abends	Stillen oder Flasche	Stillen oder Flasche	Vollmilch-Getreide-Brei	eine dünne Scheibe Brot mit Frischkäse und eine Tasse Milch oder Vollmilch-Getreide-Brei

Familienessen

Ab dem elften bis zwölften Lebensmonat kann Ihr Kind an Ihren Mahlzeiten teilnehmen. Die Nahrung muss jetzt nicht mehr püriert werden. Ihr Baby wird Freude daran haben, kleine Stücke selber vom Teller zu nehmen und in den Mund zu stecken.
Die Kinder vertragen jetzt auch rohes Gemüse. Zwischenmahlzeiten in Form von Obst, Gemüse oder einem Vollkornprodukt am Vormittag und am Nachmittag sind hilfreich, um Ihr Kind an regelmäßige Energiezufuhr zu gewöhnen. Als Getränk ist stilles Mineralwasser auch weiterhin geeignet. Das Stillen am frühen Morgen und Abend oder in der Nacht ist so lange empfohlen, wie Sie und Ihr Baby daran Freude haben.

Mit einem Jahr kann Ihr Baby kleine Snacks wie Zwieback oder Apfelspalten schon selbstständig essen.

Allergieprophylaxe

Einige Lebensmittel sollten allerdings im ersten Lebensjahr noch nicht auf dem Speiseplan stehen:

- rohes Getreide,
- Honig und Ahornsirup,
- kalt gepresstes Öl,
- Nüsse (bei Allergierisiko erst nach dem zweiten Lebensjahr anbieten),
- Fisch und Hühnerei,
- nicht durchgebratenes Fleisch und Geflügel,
- stärker gesalzene oder scharf gewürzte Speisen,
- Speisen, in denen Alkohol enthalten ist,
- blähende Lebensmittel, wie Zwiebeln, Knoblauch, Lauch, Kohl und Hülsenfrüchte.

Alles gut vertragen?

Ob Ihr Baby die neu eingeführten Nahrungsmittel verträgt, zeigt es mit der Haut, der Atmung und mit der Verdauung an. Wenn Sie auf der Haut rote oder raue, juckende oder pickelige Ausschläge entdecken, Ihr Baby mit Husten, fließendem Schnupfen oder Anschwellen der Nasenschleimhäute reagiert oder an Verstopfung oder Durchfall leidet, überlegen Sie, welches Lebensmittel neu ist. Beobachten Sie und warten Sie ab, ob nach dem Weglassen des Bestandteils eine Normalisierung eintritt. Das ist oft der beste Weg zur Diagnose und der erste Weg zur Besserung. Beraten Sie sich in diesem Fall mit Ihrem Kinderarzt, damit dieser eventuell Untersuchungen veranlassen kann.

PFLEGEN & ANZIEHEN

Handling

Unter Handling versteht man alle Handgriffe, die man bei der täglichen Versorgung des Babys ausführt. Sowohl beim Wickeln als auch beim Anziehen und Baden müssen speziell bei kleinen Babys besondere Techniken angewendet werden, um die zarten Knochen und Gelenke nicht unnötig zu belasten.

Wickeln

Beim Wickeln fassen Sie Ihr Baby so an, dass Ihre rechte Hand unter dem rechten Bein hindurchgreift und den linken Oberschenkel umfasst (oder umgekehrt). Mit diesem Griff können Sie den Popo anheben und gut reinigen. Ihr Baby kann dann noch mit einem Beinchen strampeln. Dieser Griff sorgt dafür, dass kein übermäßiger Zug an den Hüftgelenken entsteht, die noch sehr empfindlich sind.

Als Vorbereitung auf eine längere Nachtruhe ist es wichtig, die Pflegerituale wie Waschen, Anziehen, Baden und Massieren zu möglichst regelmäßigen Zeitpunkten durchzuführen. Wickeln Sie in der Nacht ohne viel Licht und Spielen, um Ihr Baby langsam auf Ihren Rhythmus einzustimmen. Wenn Ihr Baby zwei Monate alt ist, reicht fünf- bis sechsmaliges Wickeln in 24 Stunden. Denken Sie immer daran, Ihrem Baby zu sagen, was Sie mit ihm unternehmen. Schauen Sie es an und versu-

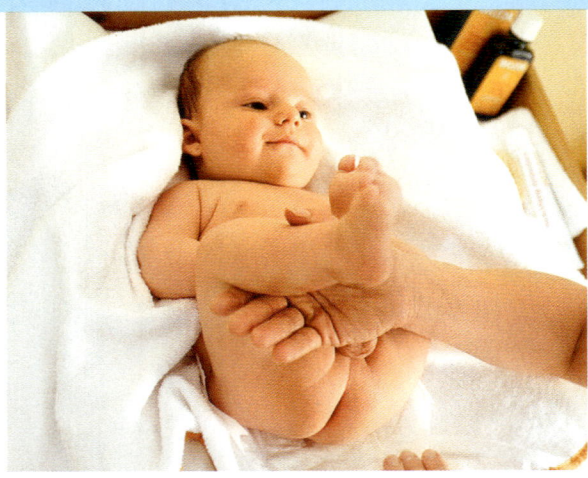

Der Wickelgriff. Greifen Sie dazu unter dem rechten Bein hindurch und umfassen Sie den linken Schenkel.

chen Sie, den Blickkontakt zu halten. Führen Sie alle Handgriffe langsam aus, damit Ihr Baby lernen kann, alle Abläufe mit zu unterstützen. Achten Sie auch darauf, dass Ihr Baby sehen kann, was Sie tun. Ziehen Sie ihm zum Beispiel nicht unvermittelt den Pullover über den Kopf. Der Kopf muss bei kleinen Babys, bis sie die Kopfkontrolle entwickelt haben (ab dem dritten Monat) vor dem Nach-Hinten-Fallen geschützt werden. Oft hilft dabei aber schon das Stabilisieren des Halses.

Drehen vom Rücken auf den Bauch

Beim Drehen von der Rückenlage in die Bauchlage greifen Sie mit der einen Hand die Schulter Ihres Babys und schieben die andere Hand zwischen den Beinen hindurch an den Bauch. Beim Drehen über die Seitenlage langsam in die Bauchlage gleiten lassen.

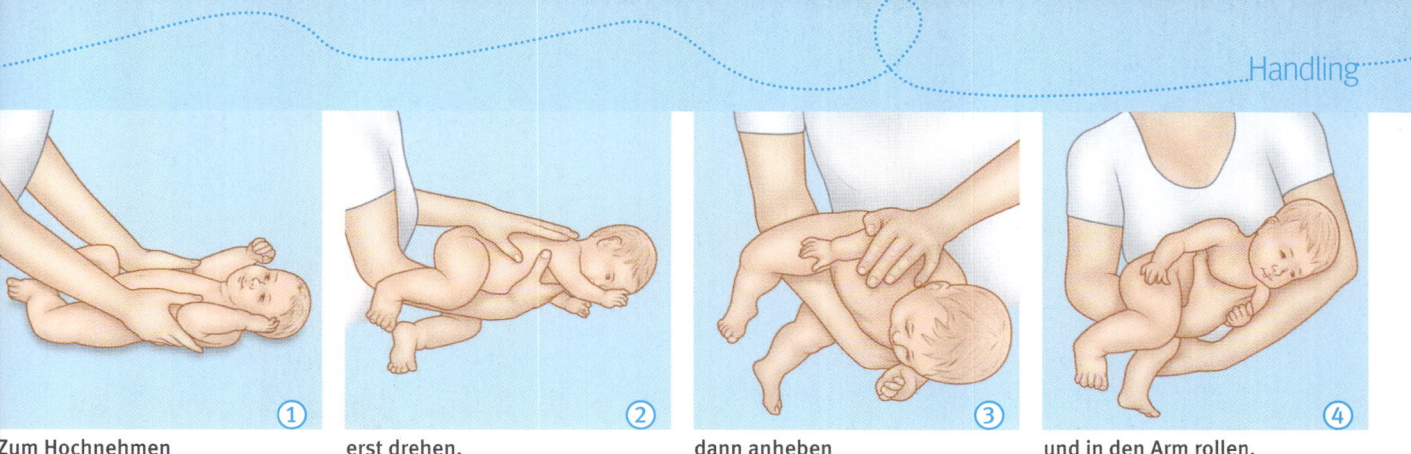

① Zum Hochnehmen ② erst drehen, ③ dann anheben ④ und in den Arm rollen.

Hochnehmen aus dem Liegen

Beim Hochnehmen aus der Rückenlage drehen Sie Ihr Baby erst auf die Seite (Bild 1). Dabei legen Sie einen Arm zwischen die Beine Ihres Babys und umfassen mit der Hand seine Schulter (Bild 2). Dann legen Sie Ihre andere Hand an seinen Rücken, drehen es auf die Seite (Bild 3), heben es an und rollen es in Ihren Arm (Bild 4). Das Hochnehmen aus der Bauchlage geschieht ebenfalls über das Drehen in Seitenlage. Dabei halten Sie eine Hand an die Schulter Ihres Babys und mit der anderen greifen Sie zwischen den Beinen hindurch an den Bauch. Dann rollen Sie Ihr Baby langsam auf die Seite und nehmen es hoch.

Tragen

Besonders bei Kindern, die anfangs viel weinen, hat sich das Tragen bewährt. Damit ist nicht das nächtliche Herumwandern gemeint, das sowohl Kinder als auch Eltern nur erschöpft. Gemeint ist vielmehr das begleitende Mitnehmen der Kinder bei allen Tagesgeschäften.

Nehmen Sie Ihr Kind auf den Arm, ins Tragetuch oder in einen altersgemäßen Tragesack, wenn Sie die Waschmaschine befüllen oder im Nudeltopf rühren. Der enge Körperkontakt gibt Ihrem Kind Sicherheit und Urvertrauen. Und auch Sie dürfen sich über eine besonders innige Beziehung zu Ihrem Kind freuen. Vor allem Neugeborene nutzen die Zeit im Tragetuch häufig für ein ausgedehntes Nickerchen. Dann ist die richtige Bindetechnik besonders wichtig, damit Ihr Rücken nicht unnötig belastet wird.

Wenn Kopf und Oberkörper schon gehalten werden können, ist das seitliche Sitzen auf der Hüfte sehr spannend. Beim seitlichen Sitz stützen Sie mit dem Arm den Rücken Ihres Kindes und mit Ihrer Hand halten Sie das vordere Beinchen.

Wenn Sie Ihr Kind nach vorne sitzend auf der Hüfte tragen, führen Sie einen Arm unter dem Arm Ihres Babys durch und halten es vorn zwischen den Beinen fest. In diesen Positionen können beide Arme frei bewegt werden und man kann sooo viel sehen!

Körperpflege

Hygiene

Die Empfehlungen für den eigenen Haushalt sind denkbar einfach:

- Händewaschen mit Wasser und Seife ist ausreichend.
- Wickelplatz, Badewanne oder Badeeimer können Sie einfach mit üblichen Haushaltsreinigern säubern.
- Im Handel angebotene Desinfektionsmittel sind wegen auftretender Unverträglichkeitsreaktionen bei Ihnen oder Ihrem Baby nicht sinnvoll.
- Die Kleidung Ihres Babys und auch die waschbaren Windeln können Sie bei 60 °C mit Ihrer Wäsche waschen. Benutzen Sie keine Weichspüler. Sie können zu Irritationen auf der Haut Ihres Babys führen.
- Sie brauchen die Wäsche in den ersten Wochen nicht täglich zu wechseln. Ihr Baby geht noch nicht gleich in die Buddelkiste und liebt das Umkleiden anfangs auch nicht so sehr. Nur bei nasser oder schmutziger Kleidung ist der Wechsel der Wäsche gut.
- Bei Spuckbabys hilft ein Tuch, als Latz oder Halstuch gebunden, gegen volle Waschmaschinen.

Waschen

In den ersten sechs bis acht Wochen reicht es tatsächlich aus, wenn nur der Windelbereich täglich gereinigt wird. Ansonsten genügt es, wenn Sie Ihr Baby ein- bis zwei-

 **WICHTIG**

Die Haut Ihres Babys ist fünfmal dünner und fettärmer als Ihre Haut und daher im ersten Jahr noch recht empfindlich. Die Talgdrüsen arbeiten in den ersten Monaten noch nicht so wie bei uns. Daher schützt kein dünner Fettfilm die Haut. Auch der Säureschutzmantel bildet sich erst allmählich. Im Gegensatz zu unserer Haut ist die eines kleinen Kindes sehr viel durchlässiger. Unerwünschte Stoffe, die in Pflegemitteln enthalten sind, können bis in die Blutbahnen eindringen. Übertriebene Hygiene richtet daher mehr Schaden als Nutzen an.

mal von Kopf bis Fuß waschen beziehungsweise baden. Beim Waschen wie beim Baden ist eine Raumtemperatur von 22 bis 24 Grad angenehm. Praktisch ist es, wenn Sie schon vor dem Waschen Kleidung, Windel und ein Handtuch zurechtlegen. Außerdem brauchen Sie eine Waschschüssel mit warmem Wasser (37 °C) und einen weichen Waschlappen. Wichtig ist die Reinigung der kleinen Speckfalten am Hals, unter der Achsel, in der

Leiste und in der Poritze, um Hautreste und Schmutz zu entfernen. Trocknen Sie Ihr Baby gut ab. Danach können Sie es vor dem Anziehen noch mit einem Tropfen Mandelöl massieren (siehe Seite 85).

Baden

Bereiten Sie alles für das Bad vor, indem Sie die Kleidung für hinterher zurechtlegen und ein Badetuch anwärmen. Ein Badethermometer hilft Ihnen, die Wassertemperatur zu kontrollieren. Sie sollte 37 °C betragen. Bei Babys mit extrem trockener Haut können einige Tropfen Mandelöl ins Wasser gegeben werden.
Um eine Hand fürs Waschen frei zu haben, schieben Sie Ihren linken Unterarm unter den Nacken Ihres Babys und umfassen den linken Oberarm Ihres Babys mit Ihrer Hand. Po und Rücken stützen Sie mit Ihrer rechten Hand und lassen es ganz langsam ins Wasser gleiten. Wenn es Kontakt zum Wannen- oder Eimerboden hat, können Sie die rechte Hand langsam loslassen und Ihr Baby allein mit der Linken halten. Warten sie nun unbedingt einen Moment, bevor Sie mit der Reinigung beginnen, damit Ihr Kind genügend Zeit hat, sich an die Badesituation zu gewöhnen. Waschen Sie es nun vom Oberkörper bis zu den Füßen, vor allen Dingen auch in den Hautfalten, und reinigen Sie das Gesicht und den Kopf zuletzt, damit Ihr Baby nicht auskühlt. Bei einem kleinen Baby dauert das Bad etwa fünf Minuten. Trocknen Sie Ihr Baby mit dem vorgewärmten Handtuch gründlich und sanft ab und untersuchen Sie die

Waschen und Wohlfühlen: Von Mama gehalten ist im Badeeimer beides möglich.

typischen Stellen fürs Wundwerden. Wenn Sie einen Belag oder eine Ansammlung von Hautschüppchen entdecken, reinigen Sie diese mit einem weichen Tuch oder einem Wattepad, das Sie vorher in reines Pflanzenöl tauchen. Zum Schluss können Sie Ihr Baby mit dem Fön trocken pusten. Vorsicht: Legen Sie Ihr Baby dazu auf den Bauch oder packen Sie es in eine Windel.

Badespaß für große Kinder

Sobald Ihr Baby frei sitzen kann, wird das Baderitual sich verändern. Dann steht nicht mehr die wohlige Wärme im nassen Element im Vordergrund, sondern der Spaß am Planschen. Mit verschiedenen Gefäßen wird Ihr Kind das fremde Element erkunden und auch mal einen Schluck vom Badewasser kosten. Lassen Sie Ihr Baby dabei keinen Augenblick alleine!

Pflegen & Anziehen

Nabelpflege

Der mit einer Plastikklemme verschlossene Nabelschnurrest trocknet ein und fällt meist zwischen dem vierten und 14. Lebenstag ab. Manche Neugeborene hängen auch an ihm und trennen sich erst nach drei Wochen davon. Nach seinem Abfallen ist ein gelblicher, etwas feuchter Nabelgrund vollkommen normal. Auch wenn ab und zu noch ein paar Tröpfchen Blut abgesondert werden, ist dies kein Grund zur Beunruhigung. Bis Haut über den Nabelgrund gewachsen ist, vergehen noch zwei bis drei Wochen. Meist ist die Nabelwunde etwas vorgewölbt, bis sie vollständig abgeheilt ist. Erst dann zieht sie sich langsam zurück. Nach weiteren fünf Wochen hat sich auch die Nabellücke in den Sehnen der Bauchmuskulatur und den geraden Bauchmuskeln geschlossen.

Die Nabelpflege soll verhindern, dass sich die Wunde infiziert. Sie wird in der Klinik mit den vielen fremden Keimen daher anders aussehen müssen als daheim. Alle Hebammen, Kinderkrankenschwestern und Kinderärzte haben jeweils ihr eigenes »Patentrezept« zur Nabelpflege. Bei allen geht es schlicht darum, eine Infektion zu verhindern. Die Art der Nabelpflege beeinflusst lediglich den Zeitpunkt, zu dem der Nabelschnurrest abfällt. So lösen sich die mit Wundpuder versorgten Nabelschnurreste bereits nach vier Tagen ab. Nabelschnurreste, bei denen keine Medikament eingesetzt und die lediglich sauber gehalten werden, fallen nach etwa sieben Tagen ab. Am längsten dauert das Ablösen bei einer Versorgung mit Alkohol oder Silbernitratpuder. Der Nabelschnurrest löst sich dann erst nach etwa neun Tagen.

Nabelpflege konkret

◎ Wichtig ist, dass Sie sich immer die Hände waschen, bevor Sie mit dem Nabelschnurrest in Kontakt kommen.

◎ Schlagen Sie die Windel so um, dass sie nicht am Nabel reibt oder für einen fortwährend feuchten Bereich sorgt.

◎ Wenn Sie Ihr Kind gebadet haben, trocknen Sie den Nabelschnurrest gut ab. So wird sich die Heilung nicht verzögern.

◎ Informieren Sie Ihre Hebamme, wenn der Nabelschnurrest stark riecht, sehr feucht wirkt oder stark suppt.

Genitalpflege

Der Penis wird nur äußerlich gereinigt und Stuhlreste bitte nur mit reichlich Wasser oder Öl entfernen. Da die Vorhaut im ersten Lebensjahr noch mit der Eichel verklebt ist, kann ein Zurückschieben Verletzungen und später Vernarbungen hervorrufen, die zu Verengungen der Vorhaut führen können.

Auch die Vagina brauchen Sie nur äußerlich zu reinigen, da das Scheidensekret zur natürlichen Reinigung produziert wird. Wenn Sie etwas Stuhl in der Vagina finden, können Sie diesen äußerlich entfernen. Säubern Sie die Vagina immer von vorn nach hinten, um keine Keime in die Vagina zu schieben.

Fingernägel

Die Nagelpflege und das Schneiden der Nägel darf bis zur dritten bis vierten Woche nach der Geburt warten. Falls Ihr Baby besonders lange Nägel hat und sich damit kratzt, helfen Hemdchen mit überlangen Ärmeln, die Sie etwas über die Hände ziehen können. Da die Nagelhaut noch so fest an den Nägeln angewachsen ist und Verletzungen dieser empfindlichen Haut zu unangenehmen Entzündungen führen kann, feilen Sie die Nägel mit einer Sandfeile, wenn Sie sie unbedingt kürzen möchten. Die überlangen Nägel brechen in der Regel nach einigen Tagen von allein ab. Nach den ersten Wochen werden die Nägel deutlich härter und Sie können mit der ersten Maniküre und Pediküre beginnen.

Reinigung der Nase

Die Reinigung der Nase regelt Ihr Baby für sich allein. Sobald Staub oder andere irritierende Stoffe an die empfindliche Nasenschleimhaut kommen, wird es automatisch niesen. Es ist also kein Schnupfen, wenn Ihr Baby in den ersten Lebenswochen öfter niest, sondern ein ganz normaler Reinigungsreflex.

Babymaniküre

◎ Schneiden Sie die Fingernägel immer halbrund und nicht zu kurz, damit die Haut unter dem Nagel nicht verletzt wird (Bild 1).

◎ Die Fußnägel sollten Sie immer gerade abschneiden (Bild 1).

◎ Verwenden Sie eine Babynagelschere mit abgerundeten Spitzen, um Verletzungen zu vermeiden.

◎ Schneiden Sie in den ersten Monaten die Nägel am besten, wenn Ihr Kind schläft. Später dann kann es sich zur Maniküre auf den Rücken legen, wenn es satt und zufrieden ist. Schauen Sie Ihr Kind an, während Sie ihm die Nägel schneiden (Bild 2). Wenn es zappelt, müssen Sie es erst beruhigen, bevor Sie weitermachen können.

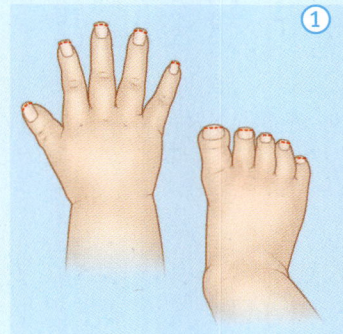
①

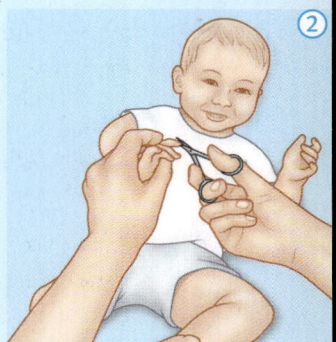
②

Falls Sie ein angetrocknetes Schleimklümpchen in einem Nasenloch entdecken, lässt sich dies leicht entfernen. Befeuchten Sie die Nasenschleimhaut entweder mit einem Tropfen Muttermilch, einer isotonen Kochsalzlösung (0,9-prozentige NaCl-Lösung) oder einem Nasenspray aus filtriertem, sterilem Meerwasser (aus der Apotheke, zum Beispiel Rhinomer® ohne Konservierungsstoffe). Dann rollen Sie die Ecke eines Papiertaschentuches eng und spitz zusammen und schieben Sie vorsichtig etwa 1 cm tief in das Nasenloch, um das angefeuchtete Schleimklümpchen, das an dem Tuch festkleben wird, in einer Gegendrehbewegung herauszuziehen.

Reinigung der Ohren

Die Reinigung der Ohren erfolgt bei Babys von allein. Es reicht vollkommen aus, mit einem Papiertuch oder nicht zu feuchten Waschlappen die Ohrmuscheln auszuputzen. Hinter den Ohren entstehen häufig Verunreinigungen, die Sie gut mit einem Wattepad und etwas Pflanzenöl beseitigen können.
Bitte zur Reinigung nie Wattestäbchen verwenden! Sie schieben das Ohrenschmalz nur weiter hoch in den Gehörgang und können das Trommelfell verletzen.

Haare

Die meisten Kinder mögen in den ersten Lebensjahren eine Prozedur bei der ihnen Wasser über den Kopf geschüttet wird, nicht besonders!

Wenn Ihr Kind im ersten Lebensjahr wenig Haare hat, reicht es, beim Baden den Kopf nur mit warmem, klarem Wasser und einem Waschlappen zu reinigen. Falls aber ein prächtiger Haarschopf das Köpfchen schmückt, ist das Waschen einmal pro Woche sinnvoll. Benutzen Sie dazu ein mildes pH-neutrales Babyshampoo. Beim Abspülen müssen Sie darauf achten, dass kein Schaum in Babys Augen läuft. Sie werden sonst bittere Tränen ernten und über Wochen hinweg mit einem Baby zu kämpfen haben, dass sich weigert, sich die Haare waschen zu lassen.
Bei einem kleinen Baby ist es am einfachsten, wenn Sie seine Haare mit einem Waschlappen von der Stirn bis zum Nacken nass machen. Reiben Sie dann mit der freien Hand vorsichtig etwas Shampoo (ein haselnussgroßer Klecks genügt) in die nassen Haare. Zum Ausspülen eignet sich ein kleiner Messbecher, den Sie zuvor schon mit warmem Wasser (Temperatur kontrollieren!) gefüllt haben. Gießen Sie das Wasser von der Stirn zum Nacken über den Kopf Ihres Babys, bis die letzten Schaumreste entfernt sind. Wenn Ihr Kind dann größer geworden ist und schon sitzen kann, kann es sich sogar selber einen Waschlappen vor die Augen halten und so mithelfen.

Erste Zähnchen

Das erste Zähnchen zeigt sich zwischen dem fünften und zehnten Lebensmonat (wobei Ihnen drei Monate früher oder später keine Sorgen machen sollten!). Der

Zahndurchbruch kündigt sich oft durch gerötetes Zahnfleisch, unruhige Nächte, wunden Po und vermehrtes Quengeln an. Einige Kinder entwickeln für ein bis zwei Tage erhöhte Temperaturen bis 38 Grad. Wenn dann die ersten Zähnchen da sind, sollten Sie mit der täglichen Zahnpflege beginnen:

◎ Bei einem Kind, das keine Fluoridtabletten einnimmt (siehe Seite 114), sollten Sie mit einer weichen Kinderzahnbürste und einer Fluoridzahnpasta (500 ppm Fluorid, bitte ohne Bonbon- oder Fruchtgeschmack) einmal täglich putzen (am besten am Abend). Die Menge der Zahnpasta ist richtig dosiert, wenn Sie sie nicht längs, sondern quer auf den Bürstenkopf streichen. Ab dem zweiten Geburtstag wird zweimal tägliches Putzen empfohlen.

◎ Falls Ihr Kind Fluoridtabletten einnimmt (siehe Seite 114), sollten Sie die Zahnpflege ab dem ersten Zähnchen nur mit Wasser auf einer weichen Kinderzahnbürste oder einem weichen Lappen einmal täglich beginnen. Ab dem zweiten Lebensjahr können Sie zweimal täglich putzen, weiterhin ohne Zahnpasta oder mit einer Zahnpasta ohne Flouridzusatz. Wenn Ihr Kind die Zahnpasta wieder ausspucken kann, können Sie mit fluoridhaltiger Zahnpasta putzen.

Pflegeprodukte

Fürs erste Jahr brauchen Sie nur wenige Pflegeprodukte. Eine Waschschüssel, einige weiche Waschlappen aus Mull oder ähnlichem Material. Ein Pflanzenöl ohne

Bitte keine Feuchttücher

Feuchttücher, die unterwegs und auf Reisen so praktisch sind, sind in den ersten Lebenswochen nicht zu empfehlen. Viele Babypos reagieren mit Rötungen und Entzündungen auf die chemischen Inhaltsstoffe.

Zusätze, zum Beispiel Mandel- oder Olivenöl für wohltuende Massagen. Eine Wundschutzcreme, falls Ihr Baby einen wunden Po hat.

Im zweiten Lebenshalbjahr können Sie fürs Babybad eventuell einen Badezusatz verwenden. Infrage kommt entweder ein rückfettendes Produkt (Molkebad, Kleiebad) oder eines ohne Parfum- und Konservierungsstoffe. Ein mildes, pH-neutrales Shampoo ist bei Kindern mit vielen, langen Haaren ab dem sechsten Monat zu empfehlen.

Viele Eltern benutzen beim Wickeln zum Säubern Öl- oder Feuchttücher. Füllen Sie dazu einfach ein neutrales Pflanzenöl in einen in Drogerien erhältlichen Pumpspender und nehmen Sie ein Stück weiches Toilettenpapier oder ein anderes unparfümiertes Papiertuch. Schon haben Sie Ihr Öltuch selbst hergestellt und erhalten so eine Pflege, die alle Empfehlungen zur Allergieprophylaxe berücksichtigt.

Richtig anziehen

Sommerbabys

Sie können mit Ihrem Baby von Anfang an unterwegs sein. Im Kinderwagen an einen Sonnenschirm und Insektenschutz denken. Im Sommer sollte Ihr Baby nicht wegen zu warmer Kleidung schwitzen müssen. Wenn Sie sehen, dass der Kopf rot wird oder es sehr unruhig ist oder sich in der Nackenfalte Schweiß bildet, ist es ihm definitiv zu warm. Ziehen Sie dann etwas von der Kleidung aus und kühlen Sie es eventuell mit einem feuchten Tuch im Nacken- und Stirnbereich ab.
Falls Ihr Kind abgestillt ist, können Sie Wasser oder ungesüßten Tee anbieten.
Bei Unsicherheiten bezüglich der Körpertemperatur Ihres Kindes hilft es, die Temperatur zu messen. Entweder rektal bei einem Kind bis sechs Monate oder danach mit einem Ohr- oder Stirnthermometer. Die Normaltemperatur liegt zwischen 36,5 °C bis 37,5 °C.

Das Sommer-Outfit

Ziehen Sie Ihrem Kind an einem warmen, sonnigen Tag folgende Kleidungsstücke an:
- ein luftiges, nicht zu enges, langarmiges T-Shirt aus sonnendichtem Material,
- eine weit geschnittene, lange, luftige Hose aus sonnendichtem Material,
- nicht einschneidende Söckchen bei einem kleinen Kind oder bequeme Schuhe bei einem etwas größeren Kind,
- einen Sonnenhut mit Nackenschutz und großem Schirm, damit Nacken, Ohren und Gesicht vor der Sonne geschützt sind,
- bei einem Baby ab zehn Monaten brauchen Sie eine Sonnenbrille mit einem hohen UV-Filter (zum Beispiel UV-400) und hochwertigen, geschliffenen Gläsern. Auf CE-Zeichen achten! Glasfarben braun, grün oder grau auswählen mit einem Tönungsgrad zwischen 65 und 75 Prozent, damit die Farbwahrnehmung nicht verfälscht wird und ein ausreichender Blendschutz gegeben ist.

Winterbabys

In den kälteren Jahreszeiten werden viele Eltern unsicher, wie sie ihre Kinder richtig kleiden sollen. Auch hier können Sie nach einem langen Ausflug diese Unsicherheit loswerden, wenn Sie die Körpertemperatur messen. Oftmals sind die Hände und Füße von Kindern recht kühl, obwohl sie nicht frieren. Erst wenn sich der Arm oberhalb des Ellbogens kalt anfühlt, eine weitere Schicht darüberziehen. Auch eine marmorierte, bläuliche oder blasse Haut deutet auf Frieren hin.

Sonnenschutz-ABC für Säuglinge

◎ Setzen Sie die Haut Ihres Kindes während des ersten Lebensjahres im Sommer bei starker Sonnenstrahlung im Gebirge und am Meer nie (!) direkt der Sonne aus.

◎ Verwenden Sie im ersten Lebensjahr die Sonnenschutzmittel gar nicht oder wenigstens sehr zurückhaltend, da sie belastend für die noch empfindliche Haut sind. Diese Cremes verringern das Risiko eines Sonnenbrandes, aber fördern bei regelmäßiger Anwendung die Bildung von Pigmentmalen, die nach heutigem Wissensstand als Risiko für Hautkrebs eingeschätzt werden müssen. Auch nach dem ersten Geburtstag ist sonnengerechte Kleidung und Spielen im Schatten der allerbeste Sonnenschutz.

◎ Aber selbst im Schatten ist das Eincremen unbedeckter Körperteile mit einer Sonnenschutzcreme für Kinder mit hohem Lichtschutzfaktor ab 20 aufwärts wichtig. Vor dem Hinausgehen eincremen und den Schutz wiederholen, wenn Sie länger unterwegs sind.

◎ Es gibt als Schutz für Babyhaut inzwischen Kleidung aus besonders gewebten Materialien, die einen sogenannten UVP besitzen. UVP steht für UV-Protektion. Der UVP-Faktor sollte bei Babykleidung nicht kleiner als 30 sein.

Das Winter-Outfit

Das ist für Ihr Baby die richtige Kleidung, wenn draußen Minustemperaturen herrschen:

◉ ein Body mit langen Ärmeln,
◉ Strumpfhosen aus Baumwolle,
◉ darüber warme Socken, die nicht einengen sollen, oder Schühchen aus Wolle oder Lammfell,
◉ lange Hosen,
◉ Pullover.

Wenn Sie längere Ausfahrten mit dem Kinderwagen planen, sollten Sie eine Wärmflasche ans Fußende des Wagens, aber nicht direkt an den Körper Ihres Kindes legen. Auch ein gefütterter Overall tut gute Dienste. Die zarte Babyhaut braucht zusätzlichen Schutz. Benutzen Sie eine abdeckende Fettcreme ohne Parfum- und Konservierungsstoffe für das Gesicht. Daneben sind ein Regen- und Windschutz für den Kinderwagen wichtig.

Dick eingepackt in Overall und Decke genießen auch schon die Kleinsten Winterfreuden im Schnee.

SCHLAF & RITUALE

Einschlafen

Das Schlafen ist für alle jungen Eltern ein wichtiges Thema. Sind die Schlafenszeiten des Kindes doch oft die einzige freie Zeit, um sich ein wenig zu erholen. Im ersten Lebensjahr eines Babys verlieren Sie durchschnittlich 400 bis 750 Stunden Schlaf. Kein Wunder, dass Sie daran interessiert sind, dass Ihr Baby gut in den Schlaf findet und zufrieden wieder aufwacht.

Einschlafhemmer Trennungsangst

Um Ihrem Kind beim Einschlafen zu helfen und es langsam an einen Tag-Nacht Rhythmus zu gewöhnen, ist es wichtig, seine Bedürfnisse zu respektieren und zu lernen, auch seine kleinen Signale zu deuten. Zum Einschlafen ist es am wichtigsten, zu verhindern, dass Ihr Baby in einen übererregten, ängstlichen oder verzweifelten Zustand gerät.

Durch diese Zustände werden Stresshormone oder Hormone, die durch Furcht und Trennungsangst im Gehirn aktiviert werden, freigesetzt und verhindern, dass Ihr Baby – und Sie selbst! – zur Ruhe kommen.

Wenn Ihr Baby in solch einen Erregungszustand geraten ist, können Sie ihm nur helfen, wenn Sie selbst ruhig werden. Denn sobald Ihr Kind spürt, dass auch Sie nervös, ärgerlich oder gestresst sind, wird in seinem Gehirn ein Alarmsystem aktiviert. Dieser Alarm verun-

Fünf Regeln für einen ruhigen Babyschlaf

○ Vor dem Schlafengehen sollte Ihr Baby gut gesättigt sein – ein leerer Bauch schläft nicht gern!

○ Spielen Sie keine wilden Tobespiele vor dem Zubettgehen. Wenn Ihr Baby gerade auf Hochtouren läuft, fällt es ihm umso schwerer, in den Schlaf zu finden.

○ Zum Einschlafen muss Ihr Baby müde sein. Wichtige Voraussetzung dafür ist, dass es am Tag genug Bewegung gehabt hat – auch Krabbelkinder wollen nicht den ganzen Tag im Kinderwagen sitzen!

○ Ihr Baby sollte tagsüber nicht überlang schlafen – denn je mehr es tagsüber schläft, desto weniger Nachtschlaf wird es benötigen. Hilfreich ist ein Spaziergang am Nachmittag, weil es besser schlafen kann, wenn es viel Tageslicht hatte.

○ Aber mit Sicherheit schläft es müde und satt am besten ein, wenn es sich geliebt und beschützt fühlt und weiß, dass seine Welt in Ordnung ist.

sichert Ihr Baby verständlicherweise so grundlegend, dass es nun gar nicht mehr einschlafen kann. Da Babys nicht selber dazu in der Lage sind, durch ihren eigenen Antrieb Ruhe und Wohlbefinden zu erreichen, brauchen sie nun die Beruhigung durch Sie.

Wiegen und Schaukeln

Bei kleinen Babys ist das Tragen nah am Körper, das Wiegen und Schaukeln in Verbindung mit Ihrer Stimme, eine gute Einschlafhilfe. Wiegen und Schaukeln erinnert an das Leben im Bauch. Das Gehaltenwerden und eine sanfte, ruhige Stimme werden Ihr Kind beruhigen. Es kann seine Spannung über den Körperkontakt mit Ihnen abbauen und merkt, dass es nicht allein ist in seiner Verzweiflung. Das fördert die Bindung zu Ihnen und hilft bei der Freisetzung Müdigkeit fördernder Hormone.

Bei größeren Kindern ist wahrscheinlich das Aneinanderkuscheln und Vorlesen einer Geschichte oder Singen eines Schlafliedes die beste Methode, um sie von einem extrem wachen Zustand zur Entspannung und in den Schlaf zu begleiten.

Geräusche

Wenn Babys müde sind, können sie überall schlafen! Im Kinderwagen auf der lautesten Kreuzung, auf der Krabbeldecke neben den lärmenden Geschwistern oder im Esszimmer bei der Dinnerparty. Um Ihrem Kind und sich selber aber einen ruhigen Abend zu gönnen, gibt es neben dem Körperkontakt auch noch andere kleine Helfer, die den Spiegel der Stresshormone senken. Dazu gehören der Klang Ihrer Stimme und vertraute Geräusche wie das Summen der Spieluhr.

Rituale

Babys lieben Routine und Rituale. Versuchen Sie den Tagesablauf daher so zu gestalten, dass er für alle Familienmitglieder in Ordnung ist. Der immer wiederkehrende Ablauf bietet Ihrem Baby einen verlässlichen Rahmen. Genau zu wissen, was als Nächstes kommt, gibt ihm viel Sicherheit. Es findet leichter zu Ruhe und Entspannung. Es ist daher eine gute Idee, besonders zur Schlafenszeit einen festen Ablauf einzuführen. Ihr Kind wird so in einen ruhigen Zustand versetzt, der das Einschlafen leichter macht.

Das sanfte Hinübergleiten in den Schlaf wird Ihrem Baby umso angenehmer, wenn Sie ein immer gleich ablaufendes Abendritual gestalten, an das Sie sich möglichst genau halten. Wichtig ist, dass Sie dabei das Alter Ihres Kindes berücksichtigen. Bei einem kleinen Säugling reicht es, wenn Sie immer in der gleichen Reihenfolge wickeln, Nachtkleidung anziehen und etwas schmusen. Ein größeres Baby möchte vielleicht noch ein Lied hören oder, wenn es in die Nähe des ersten Geburtstages geht, auch schon ein Bilderbuch anschauen. Achten Sie darauf, dass Ihr Baby immer am gleichen Platz schläft, dass Beleuchtung, Temperatur und Geräuschpegel immer ungefähr gleich sind.

Schlafprobleme bewältigen

Babys schlafen anders als wir. Sie kommen nicht mit einem Rhythmus geprägt von Wach- und Schlafphasen zur Welt, sondern mit einem Hunger-Rhythmus. Während in den ersten Wochen die Schlaf- und Wachphasen noch gleichmäßig über Tag und Nacht verteilt sind, lernt es nach acht bis zwölf Wochen sechs Stunden am Stück zu schlafen (leider nicht unbedingt in der Nacht!).

Kindliche Schlafzyklen

Ein durchschnittlicher Schlafzyklus dauert bei Babys im ersten Jahr etwa 50 Minuten, während der eines Erwachsenen 90 Minuten beträgt. Babys verbringen bis zu 70 Prozent in einem Traumschlaf, in dem wir nur ein Viertel unseres Schlafes verbringen. Babys müssen erst lernen, längere Zeiten im Schlaf zu verbringen und nicht immer wieder hochzutauchen, um zum Einschlafen wieder Ihre Nähe und Sicherheit zu verlangen. Bei diesem Hochtauchen aus dem Schlaf werden Sie Ihr Kind stöhnen, seufzen oder kurz aufschreien hören. Das ist manchmal recht laut und beunruhigt junge Eltern. In der Regel hilft es, etwas Beruhigendes zu Ihrem Baby zu sagen oder es zu streicheln. Nur wenn es richtig ruft oder weint, braucht es etwas mehr Zuwendung in Form von Kuscheln oder Tragen.

Kindlicher Schlafbedarf

So lang schlafen Kinder durchschnittlich innerhalb von 24 Stunden (Tag- und Nachtschlaf addiert) in folgenden Altersstufen:

- erste Lebenswochen   14 bis 17 Stunden
- drei Monate   11 bis 15 Stunden
- sechs Monate   10 bis 14 Stunden
- ein Jahr   10 bis 13 Stunden

Wie viel Schlaf braucht mein Kind?

Im Alter von drei bis fünf Wochen ist Ihr Baby im Durchschnitt nur eine bis zwei Stunden außerhalb der Fütterungszeit wach, während es im Alter von drei Monaten von 24 Stunden nur noch 11 bis 15 Stunden schläft. Diese Schlafstunden sind allerdings über Tag und Nacht verteilt, sodass die wenigsten Babys wirklich durchschlafen. Ein nächtliches Durchschlafen wird bei 38 Prozent der Kindern im Alter von sechs Monaten beobachtet. 37 Prozent werden noch zweimal oder öfter wach. Selbst im Alter von einem Jahr schlafen erst 52 Prozent der Kinder durch.

Schlafprobleme und ihre Lösung

Lange Einschlafphase

Viele Kinder haben Schwierigkeiten, in den Schlaf zu finden. Besonders sehr kleine Babys (unter 6 Monate), sensible Kinder und Kinder, die sehr reizoffen sind, sind meist schlechte Schläfer. Typisch für sie ist, dass sie vor dem Einschlafen eine längere Zeit weinen, sehr anhänglich und anlehnungsbedürftig sind und nur unter großem Widerstand alleine einschlafen. All das ist für die Eltern, die meist auch schon einen langen und oft genug anstrengenden Tag hinter sich haben, sehr belastend.

Was kann man tun, um die Einschlafzeiten nach vorne zu verlagern und zu verkürzen?

◉ Den Tagschlaf reduzieren: Vielleicht schläft Ihr Baby einfach tagsüber zu lange und ist noch nicht wieder müde, wenn Sie es ins Bett bringen wollen. Achten Sie darauf, dass zwischen Mittagsschlaf und Zubettgehen mindestens fünf bis sechs Stunden Abstand liegen. (Das gilt natürlich nicht für Neugeborene, die noch ein größeres Schlafbedürfnis haben.)

◉ Das Tempo drosseln: In vielen Familien geht es gerade abends, wenn eigentlich Ruhe und Entspannung angesagt wäre, noch mal richtig zur Sache. Das Abendessen wird zubereitet, die Wohnung aufgeräumt und Papa kommt nach Hause. Klar, dass Ihr Kind jetzt nicht ans Schlafen denken kann. Die Lösung: Papa spielt jeden Abend 15 bis 20 Minuten dasselbe ruhige Spiel. Vielleicht malt er Ihrem Baby etwas vor oder baut ein Legohaus oder stapelt einfach Bauklötze.

◉ Das Bedürfnis Ihres Kindes nach Nähe respektieren: Klar, niemand will stundenlang am Babybett sitzen und sich dann auf Zehenspitzen rausschleichen, nur um von einem vorwurfsvollen Aufheulen wieder zurückzitiert zu werden. Dennoch sollten Sie das Schreien Ihres Kindes nicht rundheraus als kindliche Machtprobe abtun. Hören Sie auf die feinen Nuancen. Hatte Ihr Kind einen schweren Tag? Geht es seit neuestem zur Tagesmutter oder in die Krippe? War Besuch im Haus, der Ihr Kind aus seiner Routine gebracht hat? In all diesen Fällen braucht Ihr Kind dringend Ihre Nähe – vor allem beim Einschlafen. Denn vergessen Sie nicht: Alleine Einschlafen heißt für Ihr Kind, eine (vorübergehende) Trennung von den Eltern zu akzeptieren. Und vor nichts haben kleine Kinder mehr Angst als davor, sich von den Eltern zu trennen. Wenn Sie Ihrem Kind in einer Krisensituation also beistehen, wird es an »normalen« Tagen wahrscheinlich eher akzeptieren, dass Sie sich verabschieden.

◉ Reservieren Sie jeden Tag zwei oder drei Spieleinheiten von etwa 15 bis 20 Minuten nur für Ihr Kind. Versuchen Sie, in dieser Zeit nicht zu telefonieren, mit einem Auge die Zeitung zu lesen oder eine Einkaufsliste für die kommende Woche zu schreiben. Wenn Sie Ihrem Kind tagsüber viel Aufmerksamkeit schenken, wird es abends eher »kontaktsatt« in süße Träume sinken.

◎ Suchen Sie bei anhaltenden, schweren Schlafproblemen, die Ihr Familienleben beeinträchtigen, ohne Scheu eine entsprechende Beratungsstelle auf.

Durchschlafprobleme

Auch Kinder, die schon längst nachts durchgeschlafen haben, durchleben im Alter von etwa sechs bis acht Monaten noch einmal eine Phase, in der sie nachts öfter wach werden.

◎ Häufige Ursache: Ihr Baby hat Hunger. Entweder macht es gerade eine Wachstumsphase durch und der Kalorienbedarf Ihres Kindes hat sich erhöht oder es ist zur Zeit gerade ein »schlechter Esser«. Diese Phasen werden Sie im Zusammenleben mit Kindern immer wieder durchleben. Achten Sie jetzt besonders darauf, dass Ihr Kind regelmäßig und ausreichend isst. Drei feste Mahlzeiten am Tag und zwei Imbisse zwischendurch werden Ihr Kind aber sicher sättigen. Wenn Sie nicht mehr stillen, können Sie Ihrem Kind nach dem Abendbrei noch einen Schluck zu trinken anbieten. Nach ein paar Tagen wird Ihr Kind zu seinem gewohnten Rhythmus zurückkehren.

◎ Vielleicht ist auch ein Entwicklungssprung der Grund für die erhöhte Sensibilität Ihres Kindes. Seine natürliche Reaktion auf alles Ungewohnte ist dann die Flucht zurück ins Nest. Reagieren Sie daher nicht zu ungehalten auf die nächtlichen Störungen. Eine mögliche Lösung besteht darin, das Kind einfach mit ins Elternbett zu nehmen. Erfahrungsgemäß schlafen Babys hier besonders gerne und schnell wieder ein. Und der Nachtschlaf ist für alle gerettet.

Mittagsschlaf

Manche Kinder lieben sie, für mache Kinder aber ist die mittägliche Ruhepause die reinste Zumutung. Mit Händen und Füßen sträuben sie sich dagegen, ins Kinderbettchen gebracht zu werden, um dort einen Mittagsschlaf zu halten. Dabei ist eine Ruhephase in der Mitte des Tages so wichtig, um die Batterien wieder aufzuladen und allen Stress, der sich an einem hektischen Vormittag angesammelt hat, loszulassen.

◎ Legen Sie sich zu Ihrem Baby. Lassen Sie den Haushalt Haushalt sein und genießen Sie gemeinsam mit Ihrem Kind eine kuschelige Siesta im Elternbett. Viele Kinder, die alleine niemals schlafen würden, lassen sich entspannt in die Kissen sinken, sobald ein Elternteil daneben liegt.

◎ Machen Sie eine Ausfahrt mit dem Kinderwagen. Viele Kinder finden das Geschaukeltwerden im Wagen beruhigend und schlafen dabei schnell ein. Der Vorteil für Sie: Auf einer Parkbank in der Sonne können auch Sie eine kleine Ruhepause einlegen.

◎ Geben Sie Ihrem Baby ein interessantes Spielzeug und dösen Sie selbst 20 Minuten auf der Couch.

Vorsicht mit Schlaftrainings

Wenn die Schlafprobleme Ihres Kindes anhalten und Sie über Monate hinweg nachts mehrere Male von einem schreienden Kind geweckt werden, werden Sie zunehmend nach einer Lösung für dieses Problem suchen. Da liegt der Griff zu einem der vielen angebotenen Schlaflernprogramme nahe.

Ziel eines Schlaflernprogramms ist es, dass das Kind alleine und ohne die Hilfe einer Bezugsperson in seinem Bettchen einschläft. Häufig wird empfohlen, das Kind nach einem liebevollen Abendritual ins Bett zu legen und sich zu verabschieden. Wenn das Kind schreit, soll es einige Minuten auf Ihr Kommen warten, bevor Sie es für etwa zwei Minuten trösten und streicheln, aber es auf keinen Fall aus dem Bettchen heben. Danach verlassen Sie den Raum und kommen bei einem weiterhin schreienden Baby nach ein paar Minuten wieder ins Zimmer.

Das Schreien und Sich-Ärgern soll die Kinder zu einer normalen Schlafenszeit ermüden. Nach einer Übergangsphase von ein bis zwei Wochen soll das Kind dann in der Lage sein, allein und ohne Widerstand einzuschlafen.

Aus Sicht des Kindes, das Schwierigkeiten hat, in einen ruhigen, entspannten Einschlafzustand zu gelangen, weil es seine unreifen Gehirn- und Körpersysteme noch nicht regulieren kann, ist ein Schlaftraining nach dieser Methode eine Tortur. Es fühlt sich allein und verlassen, spürt Trennungsängste und als Folge davon Furcht. Es wird nach Hilfe rufen und das so oft, bis es gestresst einschläft. Dabei wird das Kind mit dem stärksten Willen am längsten Schreien.

Mit Schlafmangel umgehen

Die bessere Alternative besteht daher darin, weniger am Schlafverhalten des Kindes zu arbeiten, als daran, für sich selbst Ruhe- und Erholungsphasen zu finden. Dabei lohnt es sich, ganz pragmatisch vorzugehen.

- Solange Sie noch nicht wieder arbeiten müssen, können Sie jedes Nickerchen Ihres Babys für die eigene Erholung nutzen.
- Gewöhnen Sie sich daran, auch tagsüber Pausen zu machen. Eine Siesta nach dem Mittagessen und eine Tasse Tee am späten Nachmittag nehmen Hektik aus Ihrem Alltag.
- Legen Sie sich zu Ihrem Baby auf den Boden oder das Baby zu sich ins Bett. Wenn Sie ihm ein interessantes Spielzeug anbieten, kann es sich auch einige Zeit alleine beschäftigen – und Sie tanken Kraft.
- Holen Sie sich Unterstützung. Eine Putzhilfe oder ein Babysitter gewährt Ihnen wertvolle Zeit, die Sie für sich verwenden können. Dann sehen Sie dem nächtlichen Aufwachen auch gelassener entgegen.
- Was ist so schlimm daran, das Baby nachts ins Bett zu holen? Wenn dann alle ruhig schlafen können, ist zumindest für diese Nacht viel gewonnen. Und: Irgendwann schlafen alle Kinder durch und Ihr Bett gehört wieder Ihnen allein!

Schlaf & Rituale

Sicherer Schlaf

Es wird empfohlen, ein Baby in den ersten ein bis zwei Jahren gemeinsam mit Ihnen im Zimmer schlafen zu lassen, da Ihre Gegenwart und Ihre rhythmischen Schlafgeräusche für Ihr Baby schlaffördernd wirken.

Elternbett oder Kinderbett

Wenn Sie mit Ihrem Baby in einem Bett schlafen möchten, weil Sie es schön und einfach praktisch finden und die Gehirn- und Bindungsforschung sagt, »je mehr Körperkontakt – desto besser für die Entwicklung von Babys«, sollten Sie sieben Regeln beachten:

1 Ihr Baby sollte in Rückenlage schlafen.

2 Ziehen Sie kein Mützchen im Bett an, da es sonst zu Überwärmung kommen könnte.

3 Ihr Baby soll im eigenen Schlafsack schlafen, auf keinen Fall unter Ihrer Decke.

4 Ihr Baby sollte nicht zwischen Ihnen schlafen.

5 Kein Kissen darf das Köpfchen Ihres Babys bedecken können.

6 Die Matratze sollte nicht zu sehr nachgeben – also kein Wasserbett oder Sofa.

7 Bei Menschen, die rauchen, Alkohol getrunken haben, Drogen, Beruhigungs- oder Schlafmittel genommen haben, sollte das Baby immer in einem eigenen Bettchen schlafen.

An Mamas Seite schläft es sich am besten. Aber bitte nicht unter einer Decke!

Falls Ihr Kind lieber im eigenen Bettchen schlafen soll, gibt es Folgendes zu beachten: Als Schlafplatz eignen sich Kinderbett oder Wiege, Stubenwagen und große Körbe. Wichtig ist eine ausreichende Luftzirkulation. Kein »Nestchen« oder »Kopfschutz« darf diesen Luftaustausch beeinträchtigen. Während Sie die beweglichen Bettchen in der Anfangszeit immer dahin mitnehmen können, wo Sie sich gerade aufhalten, steht ein Kinderbett an einem festen Ort, möglichst in Ihrem Schlafzimmer.

Schlafsack und Schlafkleidung

Als Schlafkleidung reichen Windel, Body oder zweiteilige Unterwäsche, ein Schlafanzug und – entsprechend der Raumtemperatur – ein Schlafsack. Bettdecken werden zum Zudecken von Babys nicht mehr empfohlen, da sie zu einer Überwärmung führen können. Zudem besteht die Gefahr, dass die Babys sich die Decke über den Kopf ziehen könnten. Der Schlafsack muss der Größe Ihres Babys angepasst sein. Die Halsöffnung sollte nicht größer als das Köpfchen sein. Der Brustteil sollte Öffnungen für die Arme besitzen, die nicht so groß sind, dass Ihr Baby hineinrutschen kann. Zur Größenbestimmung des Schlafsackes berechnen Sie die Körperlänge Ihres Babys minus der Kopflänge und zählen zehn Zentimeter hinzu, damit es noch ein bisschen wachsen kann.

Schlafpositionen

Legen Sie Ihr Baby zum Schlafen immer auf den Rücken. Die Bauchlage wurde als eine der wichtigen Ursachen für den plötzlichen Säuglingstod erkannt. Ebenso hat sich die Seitenlage als nicht ratsam erwiesen. Wenn Ihr Baby vier Monate alt ist, wird es sein Köpfchen zum Schlafen öfter in Richtung Licht oder auch zu Ihnen wenden. Damit sich die Kopfform nicht einseitig schief entwickelt, denken Sie daran, entweder das Bettchen Ihres Kindes zu drehen oder es auf Ihre andere Körperseite zu legen, wenn Sie gemeinsam im Bett schlafen.

Raumklima

Als optimale Schlaftemperatur gelten 16 bis 18 °C. Lüften Sie den Raum kurz vor dem Schlafenlegen und auch häufiger im Laufe des Tages, um eine ausreichende

Plötzlicher Säuglingstod

Die Ursachen für den Plötzlichen Säuglingstod sind immer noch nicht restlos geklärt. Wenn Sie sich jedoch an folgende Grundregeln halten, tun Sie alles, was man heute dazu weiß.

- ◎ Lassen Sie Ihr Kind im ersten Lebensjahr bei sich im Schlafzimmer oder zusammen mit einem Geschwisterkind schlafen.

- ◎ Achten Sie auf eine rauchfreie Umgebung.

- ◎ Lassen Sie Ihr Baby nur auf dem Rücken schlafen.

- ◎ Sorgen Sie dafür, dass Ihr Baby im Schlaf nicht schwitzt. Die Luftzirkulation kann durch einen Himmel über dem Schlafplatz, Bettumrandungen und Nestchen eingeschränkt sein.

- ◎ Versuchen Sie, Ihr Baby nach Möglichkeit bis zum Ende des sechsten Monats ausschließlich zu stillen.

Luftfeuchtigkeit von 50 bis 70 Prozent zu erhalten. Im Winter können Sie die Luftfeuchtigkeit erhöhen, wenn Sie nasse Wäsche aufhängen, Raumbefeuchter benutzen oder Schalen mit Wasser auf den Heizkörper stellen. Stellen Sie das Bettchen nicht an einen prallen Sonnenplatz oder neben einen Heizkörper.

Schlaf & Rituale

ENTWICKLUNG & FÖRDERUNG

Die Sinne Ihres Babys

Sehen

Direkt nach der Geburt wird Ihr Baby Sie vielleicht anschauen und Sie werden diesen berührenden Moment genießen. Ihr Baby kann Sie recht gut sehen, am besten in einer Entfernung von 20 bis 25 cm. Dies entspricht dem Abstand zwischen Baby und Mutter beim Stillen. Ihr Baby wird Sie gerne anschauen und Ihre Bewegungen kurz verfolgen können. Es kann Hell-Dunkel-Kontraste, großflächige Formen und Muster sehen. Wenn ihm all das zu anstrengend wird, kann es vorkommen, dass es zu schielen beginnt. Das ist eine Folge davon, dass es seine Augenmuskeln noch nicht immer kontrollieren kann. Nach sechs Monaten sollte das Schielen sich gelegt haben.

Im Alter von drei bis vier Monaten kann Ihr Baby allmählich räumliche Strukturen wahrnehmen. Es kann auch über weitere Distanzen scharf sehen und beginnt, nach Gegenständen zu greifen. Es kann Sie länger mit seinen Blicken beobachten und Ihren Bewegungen mit seinen Augen folgen. Es kann Farben auch ohne starke Kontraste sehen.

Mit sechs bis sieben Monaten kann Ihr Baby Ihnen schon deutlich länger und aus größerer Distanz mit dem Blick folgen. Es kann Dinge wiedererkennen, die sich außerhalb seiner Reichweite befinden.

Ab dem achten bis zehnten Lebensmonat werden alle Aktivitäten in der Umgebung interessiert verfolgt. Gegenstände werden mit Augen, Mund und Händen erforscht. Mit einem Jahr funktioniert die Koordination der beiden Augen schon recht gut und das räumliche Sehen ist deutlich weiter entwickelt.

Hören

Babys hören hervorragend, weil das Hörvermögen schon vor der Geburt komplett ausgebildet wurde. Dass Ihr Baby hören kann, werden Sie in den ersten Lebens-

WICHTIG

Das Sehen ist einer unserer wichtigsten Sinne, da wir 80 Prozent aller Informationen darüber aufnehmen. Im Alter von 10 bis 12 Jahren wird es sich voll entwickelt haben und sollte gut gepflegt werden. Schützen Sie die Augen Ihres Kindes immer vor starkem Sonnenlicht und informieren Sie den Kinderarzt bei den Früherkennungsuntersuchungen, wenn Ihnen Sehschwächen auffallen.

monaten immer dann feststellen können, wenn Ihr Baby auf plötzliche oder ungewohnte Geräusche reagiert. Wenn Sie am Hörvermögen Ihres Babys zweifeln, sollten Sie mit ihm beim Arzt einen Hörtest machen. Schließlich ist ein gutes Gehör eine wichtige Voraussetzung für den späteren Spracherwerb.

In den ersten zwei Wochen wird Ihr Baby auf plötzliche, laute Geräusche mit Erschrecken reagieren. Eine Ausnahme bildet hier nur das schon aus der Gebärmutter vertraute Lärmen seiner älteren Geschwister. Gleichmäßige Geräusche und ein vertrautes Lied können es aber schnell wieder beruhigen.

Nach drei bis fünf Wochen können Sie beobachten, dass Ihr Baby in Ihre Richtung schaut, wenn Sie es ansprechen. Babys bevorzugen eindeutig die Stimmen, die sie schon in der Gebärmutter hören konnten. Es wird auf Ihren Zuspruch oft reagieren und manchmal kleine Laute von sich geben. Im Alter von zwei bis drei Monaten können Sie beobachten, dass Ihr Baby sich entspannt, sobald es Ihre Stimme hört. Das funktioniert selbst dann, wenn es Sie nicht sehen kann.

Im Alter von fünf bis sechs Monaten werden Sie Reaktionen auf weiter entfernte Geräusche, wie eine Telefonmelodie oder ein Weckerrasseln, beobachten können. Ihr Baby wird auf wenig vertraute Geräusche mit Unruhe reagieren und vielleicht weinen. Es wird Sie mit lauter Stimme rufen, wenn Sie sich außerhalb seines Sichtfelds befinden, und auch versuchen, selber mit wiederkehrenden, verständlichen Lauten zu erzählen.

Schmecken

Viele Experten behaupten, dass Babys einen sehr viel sensibler ausgebildeten Geschmackssinn besitzen als Erwachsene. In Versuchen hat sich herausgestellt, dass sie Süßes im Geschmack deutlich bevorzugen. Mit deutlicher Ablehnung reagierten Kinder auf saure oder bittere Nahrungsmittel.

Tasten

Alle Babys lieben es, wenn sie gedrückt und gehalten werden. Sie spüren dadurch sich selber in ihrer Körperlichkeit und sind insgesamt zufriedener.

Ihr Baby wird recht schnell den Unterschied zwischen glatten, rauen, harten und weichen Objekten auf seiner Haut unterscheiden können. Auch angenehme und unangenehme Temperaturen wird Ihr Baby sehr früh wahrnehmen. Sie werden rasch entdecken, dass die allermeisten Kinder eine warme, kuschelig weiche Berührung einem kalten Waschlappen deutlich vorziehen und dies auch lautstark äußern.

Riechen

Auch ein exzellenter Geruchssinn wird dem Kind bei der Geburt mitgegeben. So kann ein Baby die Stilleinlage seiner Mutter deutlich von denen anderer stillender Frauen unterscheiden – vom ersten Tag an. Da auch dieser Sinn sehr sensibel ist, wird empfohlen, ihn nicht durch starke körperfremde Gerüche in Parfums und ätherischen Ölen zu verwirren.

Entwicklung & Förderung

Motorische Entwicklung

Auch wenn Ihr Baby bei der Geburt noch recht hilflos auf Sie wirkt, hat es schon viele Fähigkeiten und eine eigene Persönlichkeit. Am Anfang stehen Ihrem Baby vor allem einige Reflexe (automatische Reaktionen des Körpers auf einen Reiz) zur Verfügung, die ihm dabei helfen, seine Grundbedürfnisse zu befriedigen. Viele dieser frühen Reflexe verschwinden in den ersten sechs Lebensmonaten allmählich – im selben Maße wie es seine Bewegungen zu kontrollieren lernt.

Die Atmung

Eine sehr wichtige Fähigkeit, die Kunst der selbstständigen Atmung, bringen Babys ab einem Schwangerschaftalter von 34 Wochen mit. Die Lungen wurden zwar in der Schwangerschaft trainiert, aber nicht wirklich gebraucht, weil Sie Ihr Baby über die Plazenta mit Sauerstoff versorgen. Kurz nach der Geburt muss es selbstständig durch die Lunge atmen. Es nimmt seinen ersten Atemzug, die Lungenbläschen entfalten sich und das eigene Blut wird statt wie früher zur Plazenta sofort zur Lunge gepumpt. Nach diesem ersten Atemzug muss es vielleicht ein wenig husten, um die Atemwege frei zu bekommen, wenn noch ein wenig Fruchtwasser oder Schleim die Wege behindert. Danach wird es aber frei atmen und auch ein wenig schreien.

Ihr Baby wird in den ersten Wochen häufig einen Schluckauf haben. Die noch unreifen Muskeln des Zwerchfells müssen sich an den regelmäßigen Ein- und Ausatemrhythmus gewöhnen. Durch die unregelmäßigen Kontraktionen wird das Zwerchfell »trainiert«. Nachdem die beteiligten Muskeln stärker geworden sind, wird der Schluckauf langsam nachlassen.

Atmung kontrollieren

Irgendwann stehen die meisten Eltern am Bettchen Ihres Kindes und fragen sich angstvoll: »Atmet es noch?« Es ist durchaus normal, dass in den ersten Lebensmonaten immer mal wieder Ängste auftauchen, dass Sie diesen kleinen Schatz wieder verlieren könnten. In Tiefschlafphasen atmen Kinder oft etwas flacher und nahezu unhörbar. Sie können die Atembewegungen Ihres Kindes feststellen, wenn Sie die Hand flach auf den Brustkorb legen. Beim Atmen hebt und senkt sich der Brustkorb. So können Sie sich beruhigen und müssen Ihr Baby nicht aufgrund Ihrer Sorge aufwecken.

Die Reflexe nach der Geburt

- Der Saugreflex ist dafür verantwortlich, dass Neugeborene an allem saugen, was ihnen in den Mund gesteckt wird. Da dieser Reflex überlebenswichtig ist, ist ein gut ausgebildeter Saugreflex ein Zeichen für ein gesundes Baby.

- Der Suchreflex tritt auf, wenn Sie Ihr Baby an der Wange streicheln. Als Antwort wird es seinen Kopf zur Seite wenden und versuchen, an Ihrem Finger zu saugen. Dieser Reflex hilft Ihrem Kind dabei, die Brust zu finden. Sie können Ihr Kind daher sanft an der Unterlippe berühren, bevor Sie ihm die Brust anbieten. Es dockt dann leichter an (Bild 1).

- Der Greifreflex tritt auf, wenn Sie Ihrem Baby einen Finger in seine Hand legen. Es wird sich an dem Finger festhalten. Dieses Halten wird noch intensiviert, wenn Sie Ihren Finger lösen wollen (Bild 2). Auch er stammt aus den Urzeiten der Menschheit.

- Der Moro-Reflex oder auch Schreckreflex tritt auf, wenn sich Ihr Baby durch eine plötzliche Bewegung oder ein lautes Geräusch erschrickt. Es wird seine Hände mit gespreizten Fingern plötzlich seitlich anheben und dann erst langsam wieder mit geschlossenen Fäustchen auf den Brustkorb oder seitlich neben den Kopf zurücklegen.

- Der Schreitreflex tritt auf, wenn Sie Ihr Neugeborenes unter den Armen fassen und seine Füße eine feste Fläche berühren. Es versucht dann, sich gehend fortzubewegen. Die Bewegung ist allerdings rein reflektorisch. Es wird noch mindestens ein Jahr dauern, bis es tatsächlich erste Schritte unternimmt.

- Der Tauchreflex bewirkt, dass sich die Lungen schließen und kein Wasser einströmen kann, wenn Ihr Baby unter Wasser ist. Er verliert sich nach etwa drei bis sechs Monaten.

Entwicklung & Förderung

Greifen

Aus dem angeborenen Greifreflex wird Ihr Baby bis zu seinem ersten Geburtstag die Fähigkeit entwickeln, einen Ball zu halten, mit dem Pinzettengriff kleine Gegenstände aufzuheben und Förmchen in einen Behälter zu legen.

- ◉ Mit drei Monaten kann Ihr Baby sein Spielzeug schon für kurze Zeit selbst festhalten.
- ◉ Im Alter von vier bis fünf Monaten wird es mit beiden Händen gezielt nach einem Objekt seines Interesses greifen können.
- ◉ Ab dem sechsten bis siebten Lebensmonat hat sich die Feinmotorik schon so weit entwickelt, dass Ihr Baby ein kleines Spielzeug von einer Hand in die andere wechseln kann.
- ◉ Zwischen dem siebten und achten Lebensmonat lernt Ihr Kind sein Spielzeug mit dem sogenannten Scherengriff zu ergreifen, indem es ihn einfach zwischen Daumen und Zeigefinger klemmt.
- ◉ Ab dem neunten Lebensmonat ist die Feinmotorik so weit ausgereift, dass Ihr Baby den Pinzettengriff erlernen und anwenden kann. Mit ihm ist es möglich, auch sehr kleine Gegenstände ganz vorsichtig mit den Fingerkuppen von Daumen und Zeigefinger vom Boden aufzuheben.
- ◉ Mit einem Jahr sind Verstehen und Feinmotorik so weit ausgebildet, dass Ihr Kind einen Gegenstand gezielt ergreifen und Ihnen in die Hand geben oder in einen Behälter legen kann.

Umdrehen, Krabbeln, erste Schritte

Vom ersten Lebenstag an wird Ihr Baby an Muskelkraft zunehmen und sich dabei seine verschiedenen Fortbewegungsarten selbst beibringen. Da man zum Laufenlernen aber nicht nur Muskeln benötigt, sondern auch die dazugehörige »Verschaltung« im Gehirn, kann dieser Prozess ganz unterschiedlich lange dauern. Die aufeinander aufbauenden Stadien bewältigen die meisten Kinder vom ersten bis zum 20. Lebensmonat. Diese Entwicklungsschritte werden nicht bei allen Babys im gleichen Zeitraum eintreten. Das eigene Tempo ist in einem gewissen Rahmen für Kinder sehr wichtig. Sie unterstützen Ihr Baby bei einer gesunden motorischen Entwicklung, wenn es seinen Bewegungsdrang voll ausleben darf. Zwei bis drei Stunden Krabbeln, Toben und Spielen sollten jeden Tag auf dem Programm stehen.

Entwicklungsschritte bis zum freien Gehen

- ◉ **Kopfbeherrschung:** Nach der Geburt können Neugeborene ihren Kopf in Bauchlage nur für kurze Zeit anheben. Mit einem Monat können Babys den Kopf halten und von der einen zur anderen Seite drehen. Im aufrecht gehaltenen Zustand muss das Köpfchen weiterhin gestützt werden. Mit acht Wochen kann es dann auch beim Anheben des Kopfes den Brustkorb in Bauchlage etwas abheben. Es wird mit etwa zwölf Wochen beim Anheben von Oberkörper und Kopf die ausgestreckten Arme zur Unterstützung nehmen.

- ◉ **Drehen und Rollen:** Im Alter von drei bis sieben Monaten wird Ihr Baby sich rollen und auch schon gut drehen können. Einige Wochen später wird es durch Wälzen oder Kreisrutschen die ersten Fortbewegungsarten üben.
- ◉ **Sitzen:** Bis zum neunten Lebensmonat haben viele Babys dann gelernt, sich allein zum Sitzen aufzurichten, mit beiden Händen zu greifen und dabei Gegenstände zu untersuchen.
- ◉ **Robben, Kriechen, Krabbeln:** Die Fortbewegungsarten werden verfeinert über Kriechen, Robben und Krabbeln. Manchmal werden dabei einzelne Stadien übersprungen.
- ◉ **Freies Stehen und Laufen:** Gegen Ende des ersten Lebensjahres ist dann das Hochziehen an Möbeln, das Stehen auf eigenen Füßen und bis zum 20. Lebensmonat das freie Laufen an der Reihe.

Lauflernhilfen – überflüssig!

Kinder, die lernen durften, alle Bewegungsabläufe von der Rückenlage bis zum Stand und zum Laufen allein und in ihrem eigenen Tempo zu bewältigen, sind später in ihren Bewegungsabläufen deutlich sicherer. Sie haben gelernt, auf sich zu vertrauen. Die im Handel für ungeduldige Eltern angebotenen »Babywalker«, Lauflernschulen oder Lauflernhilfen, häufig mit vielen bunten Figuren und Rasseln verziert, sind absolut überflüssig! Nach einer Untersuchung der Stiftung Warentest werden etwa die Hälfte der Kleinkinder ab einem Alter von sechs

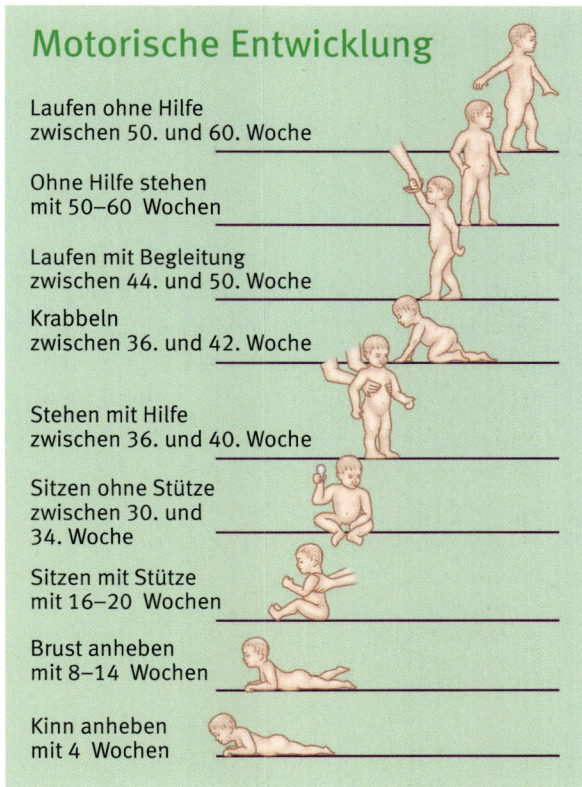

Motorische Entwicklung

Laufen ohne Hilfe
zwischen 50. und 60. Woche

Ohne Hilfe stehen
mit 50–60 Wochen

Laufen mit Begleitung
zwischen 44. und 50. Woche

Krabbeln
zwischen 36. und 42. Woche

Stehen mit Hilfe
zwischen 36. und 40. Woche

Sitzen ohne Stütze
zwischen 30. und 34. Woche

Sitzen mit Stütze
mit 16–20 Wochen

Brust anheben
mit 8–14 Wochen

Kinn anheben
mit 4 Wochen

Diese Entwicklungsstufen absolviert ein Kind, bis es die ersten freien Schritte macht.

Monaten in diese Gestelle gesetzt. In Deutschland gelten sie als die »gefährlichste Verwahrhilfe für kleine Kinder«. Rund 6000 Unfälle jährlich gehen auf ihr Konto.

Sprachentwicklung

Bis ein Baby dieselben Worte benutzt wie die Menschen in seiner Umgebung, bis es seine Gefühle verbal ausdrükken und ganze Geschichten nacherzählen kann, vergehen noch gut und gerne fünf bis sechs Jahre. Die einzelnen Etappen bis dahin verlaufen je nach Kind ganz unterschiedlich.

Sie können Ihr Baby von Anfang an unterstützen, wenn Sie einfach alles, was Sie mit ihm unternehmen – bevor Sie es tun oder währenddessen –, genau erklären. Singen Sie viel mit Ihrem Kind oder lesen Sie kleine Reime vor. In Bilderbüchern können Sie gemeinsam Seiten anschauen und die abgebildeten Objekte benennen. Denn Ihr Kind lernt umso besser sprechen, je mehr Spaß und Freude es mit Sprache verbindet.

Sprechen

Mit sechs bis acht Wochen werden Sie abgesehen vom Weinen die ersten kleinen Töne von Ihrem Baby hören. Jetzt beginnt die Sprachentwicklung. Im Alter von vier Monaten wird Ihr Baby all die spezifischen Sprachmuster, die zu seiner Muttersprache gehören, verstehen können. Dann beginnt auch das Brabbeln, eine Lautbildung von hauptsächlich aus Vokalen bestehenden Wiederholungsschleifen. Erste kleine Unterhaltungen werden möglich. Diese Fähigkeit wird mit acht bis

 So lernt Ihr Baby sprechen

- Im ersten Monat wird sich Ihr Baby vor allem durch lautes Schreien mitteilen.
- Zwischen der sechsten bis achten Lebenswoche können Sie die ersten Tönchen hören. Oft ein »Grrr« oder »Öröö«.
- Ab dem dritten Monat schreit Ihr Kind zielgerichtet. Sie werden erkennen, ob es Hunger oder Schmerz oder ein Zuviel an Eindrücken ist. Ihr Baby wird mit Brummen, leisem Brabbeln, Quietschen und Kreischen experimentieren. Einige versuchen sich auch in Vokalen wie »I« und »A«.
- Ihr Baby wird zwischen dem siebten bis neunten Lebensmonat mit Brabbeln und Plappern weiter experimentieren und Silbenketten wie »ba-ba-ba-ba« üben, die noch etwas später zu Silbenverdoppelungen werden. So hört sich zum Beispiel »baba« schon fast wie Papa an.
- Zwischen dem 9. und 13. Lebensmonat werden es dann Worte mit Bedeutungen wie »Mama« oder »Wau-Wau« für einen Hund.

neun Monaten verfeinert. Die Dialoge werden ausführlicher, es stehen deutlich mehr Laute und Tonvariationen zur Verfügung. In Silbenketten und Doppelsilben wie »la-la-la-la« versucht Ihr Baby mit Ihnen ins Gespräch zu kommen.

Ab dem zehnten bis 14. Monat wird das Verstehen schon sehr viel weiter entwickelt sein. Wenn Sie Ihr kategorisches »Nein!« üben, schüttelt es bestätigend den Kopf. Wenn sich jemand verabschiedet, beginnt es zu winken. Und sogar auf einfache Fragen und Anweisungen von Ihnen kann es schon reagieren. So werden die Eltern beispielsweise intensiv gemustert, wenn das »Nein!« nicht allzu entschieden geäußert wird.

Denken

Für Ihr kleines Baby existiert nur, was es unmittelbar wahrnimmt.Wenn Sie Ihr Gesicht hinter einem Blatt Papier verstecken, denkt es, dass Sie verschwunden sind. Auch wenn Ihr Baby schon mit drei Monaten sein Erinnerungsvermögen kurzzeitig aktivieren kann, braucht es noch bis zum sechsten bis achten Lebensmonat, um Alltagsdinge wiedererkennen und auch längerfristig unterscheiden zu können. Mit acht bis zehn Monaten haben die meisten Babys gelernt, dass Sie und das Spielzeug noch existieren, auch wenn sich beides gerade nicht im Sichtfeld befindet.

In diesem Alter beginnen Babys auch, den Zusammenhang zwischen Ursache und Wirkung zu begreifen. So bewirkt das wiederholte Ziehen an der Spieluhrschnur,

dass immer die gleiche Melodie zu hören ist. Und auch durch das Drücken auf den Lichtschalter lassen sich wahre Wunder bewirken!

Wille

Ihr Kind wird einige Zeit brauchen, bis es seinen eigenen Willen entwickelt. Zuvor muss es erst seinen Körper entdecken und erkunden. Das beginnt in langsamen Schritten ab dem zweiten bis dritten Lebensmonat und reift in den nächsten Monaten zu der Erkenntnis, dass es eine eigenständige Person ist. Eine Person, die selbst Reaktionen hervorrufen und Dinge bewirken kann.

Das langsame Erkennen von dem, was es will oder auch nicht will, wird es in einfachen Gesten zum Ausdruck bringen. Dabei ist es anfangs oft launisch und unentschlossen. So kann es beispielsweise vorkommen, dass Ihr zehn Monate altes Baby ein Stück Obst, das Sie ihm anbieten, energisch wegschiebt, einige Minuten später aber dafür ein anderes, das auf dem Tisch liegt, unbedingt haben will.

Um einen gesunden und starken Willen zu entwickeln, ist Ihr Baby auf Ihre Unterstützung angewiesen. Es braucht unbedingt das Gefühl, dass es von Ihnen wirklich ernst genommen wird. Damit setzen Sie den Grundstein für einen starken Willen, der eine unschätzbare Grundlage für ein glückliches Leben ist. Ohne einen starken Willen wird es schwierig sein, sich durchzusetzen und den Ehrgeiz zu entwickeln, das, was man wirklich will, auch zu erreichen.

Entwicklungsschritte Monat für Monat

	1. MONAT	2. MONAT	3. MONAT	4. MONAT	5. MONAT	6. MONAT
Kommunikation	Das Gehör funktioniert sofort nach der Geburt. Ihr Baby hört Ihre Stimme.	Ihr Baby lächelt zum ersten Mal.	Ihr Baby weint seine ersten Tränen und lacht zum ersten Mal stimmhaft.	Gute Laune können Sie jetzt am freudigen Juchzen erkennen.	Ihr Kind macht zunehmend Vokallaute wie oh-oh und ah-ah.	Ihr Kind versteht allmählich die Bedeutung bestimmter Wörter. Wenn Sie »Papa« sagen, wird es in Richtung Vater sehen.
Motorik	Die Neugeborenenreflexe sind noch ausgeprägt.	Ihr Baby kann schon kurz den Kopf selbst halten.	Der Kopf stabilisiert sich zunehmend.	Die meisten Babys beginnen sich zu drehen; manche warten damit aber auch noch bis zum 7. Monat.	Ihr Baby beginnt sich zu drehen.	Ihr Baby kann nun auf dem Rücken liegend den Kopf kurz anheben, um sich etwas Interessantes anzusehen.
Lieblingsspiele	An Mama oder Papa kuscheln; möglichst oft und ausgiebig an der Brust saugen.	In wachen Augenblicken lässt Ihr Baby sich von einem Mobile mit großen Mustern faszinieren.	Spielzeug Nummer 1 sind jetzt seine Hände.	Mit beiden Händen nach Spielsachen greifen.	Geben Sie ihm eine Knistertüte zum Abtasten.	Alltagsgegenstände wie Kochlöffel wecken jetzt Begeisterung.
Fördermöglichkeiten	Frühestens ab der dritten Woche kann ein Babymassagekurs Spaß machen.	Ende des zweiten Monats beginnen viele Babyschwimmkurse.	Babymassage, Babyschwimmen und Babyturnen werden in diesem Alter angeboten.	Sprechen Sie viel mit Ihrem Baby und belohnen Sie jedes Lachen mit einem Lächeln.	PEKiP-Übungen unterstützen sanft Babys Entwicklung.	Emmi-Pikler-Kurse machen ab jetzt Spaß.

Entwicklungsschritte Monat für Monat

	7. MONAT	8. MONAT	9. MONAT	10. MONAT	11. MONAT	12. MONAT
Kommuni-kation	Ihr Kind kann verschiedene Gesichtsausdrücke wie Freude, Ärger oder Traurigkeit nachahmen.	Die meisten Kinder fremdeln jetzt, wenn sie mit unbekannten Personen konfrontiert werden.	Ihr Baby versteht nun viele Begriffe aus seinem Lebensalltag.	Ihr Baby versteht einfache Fragen. Wenn Sie sagen: »Wo ist dein Bär?«, zeigt es auf den Bären.	Ihr Kind entwickelt seinen eigenen Willen und kann Ablehnung deutlich zum Ausdruck bringen.	Viele Babys benutzen nun die ersten Wörter: mamam, da! und nene gehören zum Grundrepertoire.
Motorik	Den meisten Babys gelingt es jetzt, sich um die eigene Achse zu drehen. Manche können schon robben oder krabbeln.	Das freie Sitzen klappt immer besser. Ihr Baby hat nun beide Hände frei, um interessante Dinge zu erkunden und in den Mund zu stecken.	Krabbelnd erobert Ihr Kind nun die ganze Wohnung. Zeit, einen eingehenden Sicherheitscheck durchzuführen!	Tische, Stühle, Getränkekisten, Badewannenrand: Ihr Baby zieht sich nun an allem hoch – und auch manches zu sich herunter.	Das wackelige Stehen und sich an Kanten entlangtasten benötigt nun Babys gesamte Aufmerksamkeit.	Manche Babys können jetzt schon laufen.
Lieblings-spiele	Alle Arten von Kuckuck- und Versteckspielen, bei denen Sie Ihr Baby »suchen«.	Schubladen und Regale ausräumen.	Kleine Sachen unter einem Kissen verstecken und wieder hervorholen.	Kippschalter betätigen.	»Mama helfen«: Lassen Sie sich von Ihrem Baby kleine Alltagsgegenstände reichen.	»Selber machen«: alleine essen, sich eincremen, in den Wagen steigen …
Fördermög-lichkeiten	Ab jetzt kann gemeinsames Buchanschauen als Abendritual eingeführt werden.	Tanzen Sie gemeinsam zu schöner Musik. Das schult das Gleichgewicht.	Jetzt können gemeinsam erste Malversuche unternommen werden.	Nachahmespiele wie Klatschen und Winken fördern die Konzentration.	Ihr Baby möchte alles allein machen. Lassen Sie es so oft wie möglich gewähren!	Gemeinsam können Sie die Sortierbox befüllen.

Entwicklung & Förderung

Förderung

Es ist wunderbar, wenn Sie sich bewusst Zeit nehmen, um die Entwicklung und Gesundheit Ihres Babys zu fördern. Und nicht nur Ihr Kind wird viel Neues dabei lernen. Wenn Sie einen Kurs besuchen, wird gleichzeitig das Sozialverhalten Ihres Babys gefördert. So lernt es im Kontakt mit anderen Babys, sich ihnen zuzuwenden, zu spielen und die ersten Loslösungsschritte von Mama und Papa zu wagen.

Babymassage

Die Babymassage ist eine wundervolle Unterstützung für den Beziehungsaufbau zwischen Ihnen und Ihrem Baby. Sie kann vom ersten Tag an zur Entspannung bei Blähungen und Unruhezuständen beitragen und am Abend als Ritual zum »ins Bett gehen« gepflegt werden (siehe auch Seite 65).

Von frühgeborenen Babys weiß man, dass sie bei drei täglichen Massagen anderthalb mal so schnell an Gewicht zunehmen und die Klinik dadurch eine Woche früher verlassen können als Babys, die keine Massage erhalten hatten. Eine Kinderkrankenschwester oder Ihre Hebamme wird Ihnen diese Massage für die ganz Kleinen erklären können.

Mit einer entspannenden Massagetechnik, mit der Sie Ihr Baby mit langem, verbindendem Streichen von oben nach unten und von der Mitte zur Seite mit leicht gespreizten Fingern berühren, können Sie bereits ab der dritten Woche beginnen. Ihr Baby sollte genauso wie Sie in einer ruhigen, aufmerksamen Stimmung sein. Bei kleinen Babys sollte die Raumtemperatur bis zur achten Woche bei 22 bis 26 °C liegen. Wenn Sie für die Massage ein reines Pflanzenöl benutzen wollen, sollten Sie dieses mit der Hand leicht anwärmen, bevor Sie Ihr Baby damit berühren.

Machen Sie sich keine Sorgen um eventuelle »Fehler« bei der Massagetechnik. Ihre Bedeutung spielt keine große Rolle, wenn Sie Ihre Handgriffe mit Aufmerksamkeit und Liebe ausführen und darauf achten, wie Ihr Baby reagiert. Wenn es unruhig wird oder schreit, ist es vielleicht gerade nicht der richtige Zeitpunkt und Sie probieren es später noch einmal.

Die Massagezeit sollte am Anfang nicht länger als 15 bis 20 Minuten dauern. Mit zunehmendem Alter werden bis zu 30 Minuten empfohlen.

Einige Massagetechniken, wie zum Beispiel die indische Babymassage, werden ab der achten bis zwölften Lebenswoche empfohlen, andere ab der vierten Lebenswoche. Sie können in Kursen, die in der Regel aus kleinen Gruppen bestehen, erlernt werden (siehe Adressen im Anhang Seite 169).

Massage für Neugeborene

- Eine sanfte Babymassage muss weder lange dauern noch kompliziert sein. Fünf Minuten Massage mit einigen einfachen Handgriffen reichen.

- Reiben Sie Ihre Hände aneinander, damit sie warm und locker werden, oder baden Sie Ihre Hände für zwei Minuten in 35 bis 37 °C warmem Wasser.

- Sorgen Sie für angenehme Wärme im Raum, legen Sie ruhige Musik auf und kontrollieren Sie die Temperatur des Massageöls.

- Ziehen Sie Ihr Baby langsam und ruhig aus. Erklären Sie ihm genau, dass nun die Massage kommt, die angenehm und entspannend sein wird.

- Geben Sie nun einige Tropfen Öl in Ihre Hände und massieren Sie langsam und sanft Arme, Beine, Kopf, Gesicht und Rücken mit langen streichenden Bewegungen.

- Öffnen Sie dann mit dem sanften Druck Ihres linken Daumens ein Händchen und streichen Sie mit dem rechten Daumen sanft und kreisend über die Handinnenfläche. Wiederholen Sie diese Massage bei der zweiten Hand (siehe Bild 1).

- Umfassen Sie zum Schluss einen Babyfuß leicht mit der Hand. Streichen Sie mit Ihrem Daumen behutsam auf der Fußsohle auf und ab (siehe Bild 2).

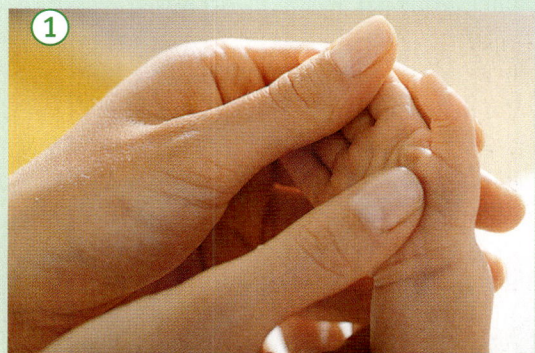

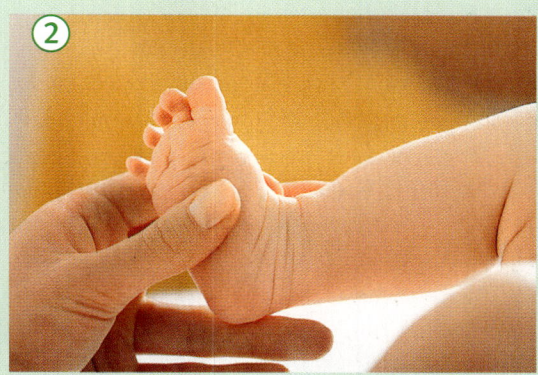

Spielen

Spielen regt Babys an zu empfinden, zu gestalten, geistige und seelische Fähigkeiten zu entwickeln. Es fördert Konzentration und Kreativität. Am Anfang gibt es noch keinen Unterschied zwischen Spielen und Lernen. Ihr Kind tut beides, um viele Erfahrungen zu sammeln. Mit diesem Forschergeist wird es Gegenstände, Materialien und Zusammenhänge erkennen lernen, seine eigene Persönlichkeit ausbilden und in seine Familie und Umwelt hineinwachsen.

Ihr Baby braucht in den ersten Monaten noch keine großen Hilfsmittel, denn das allerschönste Spielzeug für Ihr Baby sind Sie! Nehmen Sie sich jeden Tag bewusst Zeit, mit ungeteilter Aufmerksamkeit zu spielen. Ihrem Baby wird es nicht um ein bestimmtes Resultat beim Spielen gehen, sondern nur um die Tätigkeit selbst und das Erforschen. Suchen Sie dabei Beschäftigungen, die auch Ihnen Freude machen, damit Sie beide Spaß haben. Falls Ihnen nichts einfällt, können Sie sich ruhig auf Ihr Baby verlassen und in erster Linie mitspielen. So sind im ersten Lebensjahr noch keine großen Anschaffungen zur Unterstützung des Spieltriebs sinnvoll. Ihre Stimme und Ihr Gesicht reichen in den ersten Monaten völlig aus. Lieder, Kinderverse und verschiedene Lautspiele werden Ihr Kind schon früh begeistern. Das Spielen bei der täglichen Pflege wird sehr beliebt sein. Beim Wickeln können Sie mit seinen Füßchen wackeln oder den Bauch anpusten. Und zum Anziehen singen Sie immer das gleiche Lied.

Können Babys alleine spielen?

Ja, sie können! Mit einer Einschränkung: Sie können es weder auf Kommando noch in dem Maße und mit der Ausdauer, wie erschöpfte Eltern sich dies oft wünschen. Ein acht Monate altes Baby kann sich etwa 15 Minuten allein auf eine Sache konzentrieren – vorausgesetzt es ist satt, wach und zufrieden. Wobei der Fokus seiner Aufmerksamkeit in den seltensten Fällen auf seinem Spielzeug liegen wird. Viel spannender sind in diesem Alter alle Arten von Haushaltsgegenständen, die auch die Großen benutzen. So untersucht Ihr Kind vielleicht die Fernbedienung, eine zu Boden gefallene Zwiebelschale, Ihre Handtasche oder einen Regenschirm. Und wäre dabei völlig mit sich und der Welt eins, wenn … Ja, wenn es nicht plötzlich durch ein energisches »Nein!« von Ihnen gestört würde.

Da das selbstständige Spiel außerordentlich wichtig für Babys Entwicklung ist und für Sie selbst eine kleine Verschnaufpause im Alltag bedeutet, sollte es von Anfang an gefördert werden.

Dabei sollten Sie drei Regeln beherzigen. Der Erfolg wird Sie belohnen und die Freude über ein neugieriges und selbstständiges Baby Ihr ständiger Begleiter.

1. Verbannen Sie Ihr Baby zum Spielen nicht ins Kinderzimmer. Ihre Anwesenheit gibt ihm die nötige Sicherheit, um sich für kurze Zeit mit sich selbst zu beschäftigen, ohne Trennungsangst zu leiden.
2. Sorgen Sie für eine übersichtliche und aufgeräumte Umgebung. Zu viel Auswahl überfordert Ihr Baby.

(3) Unterbrechen Sie sein Spiel nur, wenn es sich selbst oder wertvolle Gegenstände unmittelbar gefährdet. Die meisten Haushaltsgegenstände gehen nicht sofort kaputt, wenn ein Baby an ihnen lutscht!

PEKiP

PEKiP ist die Abkürzung für Prager-Eltern-Kind-Programm und stellt ein Angebot zur Elternbildung dar. Der Psychologe Jaroslav Koch aus Prag und Christa Ruppelt haben PEKiP-Anregungen und -Spiele nach Deutschland gebracht und verschiedene Kurskonzepte entworfen. Sie können in einem solchen Kurs die Entwicklung Ihres Babys während des ersten Lebensjahres begleiten. Die Gruppentreffen finden einmal pro Woche für 1,5 Stunden mit sechs bis acht Erwachsenen und den dazugehörigen, möglichst altersgleichen Babys statt. Ein ausgebildeter Gruppenleiter begleitet den Kurs und gibt Anregungen, die dem Entwicklungsstand der Babys entsprechen. Dabei handelt es sich meist um einfache Bewegungsspiele, mit denen die Kinder ihre motorischen Fähigkeiten spielerisch erproben können. Es geht aber auch um das sinnliche Erfahren von Materialien und Gegenständen.

Gespräche mit Eltern und Kursleiter ermöglichen es Ihnen, Ihre Erfahrungen auszutauschen, voneinander und miteinander zu lernen und wichtige Themen, wie zum Beispiel die Gesundheit Ihres Babys oder die Organisation von Alltags- und Berufsleben, zu besprechen (siehe Adressen im Anhang Seite 169).

Schaukelpartie mit Mama

Diese Übung eignet sich für Kinder ab etwa vier Monaten. Sie kräftigt spielerisch Nacken- und Rückenmuskulatur und trainiert die Hand-Auge-Koordination.

Machen Sie es sich auf dem Boden bequem und strecken Sie die Beine gerade aus. Legen Sie Ihr Baby bäuchlings über Ihre Oberschenkel. So übt es, sich mit den Ellbogen aufzustützen. Ein hübsches Spielzeug ermutigt es, mit einer Hand zuzugreifen. Stützen Sie Ihr Kind dabei mit einer Hand am Po.

Emmi Pikler: SpielRäume für Bewegung

In diesen Kursen wird den Babys nach dem Konzept der ungarischen Kinderärztin Emmi Pikler eine besondere Spielumgebung angeboten, die dem frühkindlichen Bewegungsdrang angepasst wurde. Die Kinder können in diesem Raum ganz nach ihren eigenen Impulsen spielen, krabbeln und klettern. Dabei werden keine Spielanleitungen vorgegeben, sondern vielmehr die Signale der Kinder wahrgenommen und auf sie reagiert. Der Bewegungsdrang der Kinder soll nicht gestoppt oder unterbrochen, sondern aufmerksam begleitet werden, um Gefährdungen auszuschließen. In dieser sicheren Spielumgebung gelingt es schon Einjährigen selbstständig eine Stufenleiter hochzukrabbeln, sich an Geländern und Griffen hochzuziehen und viele Hindernisse zu überwinden. Die Kinder gewinnen Vertrauen in die eigenen Fähigkeiten und erleben befriedigende Interaktionen mit ihren Eltern.

Diese Kurse werden für Babys ab dem vierten bis fünften Monat angeboten. In der Gruppe sollten alle Kinder etwa gleichaltrig sein. Da es kein Programm gibt, können die Babys sich in dem entwicklungsgerecht vorbereiteten Raum selber beschäftigen und frei bewegen. Das Ziel des Kurses besteht neben der Stärkung der kindlichen Persönlichkeit auch darin, die Eltern dazu zu ermuntern, ihre Kinder als eigenständige Persönlichkeiten voller Eigeninitiative wahrzunehmen. (Adressen und Kontakt finden Sie im Anhang auf Seite 169)

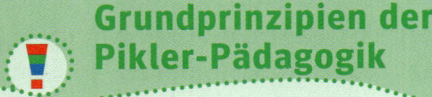

Grundprinzipien der Pikler-Pädagogik

Emmi Pikler ging davon aus, dass jede Pflegehandlung, die man am Kind vornimmt, gleichzeitig auch Erziehung ist. Schließlich macht ein Säugling, so Pikler, die Mehrzahl seiner sozialen Erfahrungen während er gefüttert, gebadet, gewickelt oder an- und ausgezogen wird.

Die Qualität des Umgangs mit dem Kind ist dementsprechend von maßgeblicher Bedeutung für seine Entwicklung. Jede Pflegehandlung soll daher von liebevollem Respekt bestimmt sein. Ist diese Voraussetzung erfüllt, entspannt sich jedes Kind. Oberstes Gebot ist es daher, schon dem Neugeborenen genau zu erklären, welche Handgriffe beim Wickeln, Anziehen, Baden und Füttern getan werden müssen. Zeigen Sie dem Kind jeden Gegenstand, den Sie verwenden und jedes Kleidungsstück, das Sie ihm anziehen wollen.

Warten Sie, bis Ihr Kind zur Zusammenarbeit bereit ist. Sie werden schnell feststellen, dass schon sehr kleine Kinder zu kooperativem Verhalten fähig sind. Ihr Baby zeigt Ihnen mit Blicken, Gesten und Bewegungen, das es mit Ihnen in Kontakt treten möchte. Sie beide teilen ein schönes Erfolgserlebnis.

Babyschwimmen

Bei Kursen zum Babyschwimmen geht es nicht um das Erlernen von Schwimmtechniken wie Kraulen oder Brustschwimmen, sondern um die Erfahrung sich im Element Wasser frei und sicher bewegen zu können, Spaß daran zu haben und eine Stimulation vieler Sinne zu erleben. Viele Babys lieben das Wasser, da sie im nassen Element bis zu einem Alter von sechs bis sieben Monaten deutlich mehr Bewegungsmöglichkeiten haben. Die Kurse finden in der Regel in 32 °C bis 36 °C warmen Schwimmbecken statt. Die Wassertiefe sollte 100 bis 140 cm betragen und das Wasser nicht zu stark chloriert sein. Wenn Sie einen solchen Kurs besuchen wollen, sollte Ihr Baby den Kopf schon selbst halten können. Das heißt, dass die erste Schwimmstunde frühestens im zweiten bis vierten Lebensmonat beginnt.

Babyturnen

Beim Babyturnen werden mit spielerisch ausgeführten Übungen die Körperwahrnehmung und die Bewegungsabläufe Ihres Babys geschult. Die Spielübungen sollen den Bewegungsapparat und die Muskeln kräftigen, eventuell vorhandene Spannungen lösen und die Atmung vertiefen helfen. Haltungsprobleme und Fehlstellungen werden in diesen Kursen frühzeitig erkannt und zur weiteren Begleitung an Kinderärzte und Physiotherapeuten weitergeleitet. Wenn Ihr Kind dann läuft, können Sie direkt mit Mutter-Kind-Turnen weitermachen.

Checkliste Babyschwimmen

◎ Bei der Kursauswahl ist es sinnvoll auf ausgebildetes Personal zu achten, besonders wenn zum Tauchen animiert wird.

◎ Der Tauchreflex (siehe Bild) verliert sich zwischen dem dritten und sechsten Lebensmonat. Es ist wichtig daran zu denken, wenn Sie mit einem älteren Kind solch einen Kurs besuchen.

◎ Die Badezeit sollte 30 Minuten nicht überschreiten, da sonst leicht eine Unterkühlung auftreten kann.

◎ Sorgfältiges Abtrocknen und Hautpflege bei ausgetrockneter Haut sind sinnvoll.

◎ Die leichte Chlorierung des Schwimmbadwassers tötet zwar Bakterien aber nicht alle Viren, verhindert also Ansteckungsgefahren nicht vollständig.

TRÖSTEN & VERSTEHEN

Starke Eltern-Kind-Bindung

Das Wichtigste für Ihr Baby ist am Anfang seines Lebens die Bindung an seine Eltern. Sie sind die Menschen, die ihm erste emotionale Bindungserfahrungen ermöglichen. Sie können Ihr Kind für ein ganzes Leben stützen. Die einfache Formel lautet: Je mehr sich Ihr Baby auf Ihre Nähe und Fürsorge verlassen kann, desto sicherer fühlt es sich in der Beziehung zu Ihnen und zur ganzen Welt. Dabei gibt es kein »Zuviel«! Es hat nichts mit Verwöhnen zu tun, wenn Sie das Grundbedürfnis Ihres Kindes nach Nähe befriedigen.

Ihr Kind wird von der Geburtsstunde an Verhaltensweisen zeigen, die sein angeborenes Bedürfnis nach Bindung signalisieren. Es tritt mit Ihnen in Kontakt, um ein Gefühl von Sicherheit und Nähe zu bekommen oder Kontakt herzustellen. Das wird in den ersten Lebenswochen durch Schreien und Rufen, Festhalten und Anklammern, Saugen und Suchen geschehen. Später, wenn es mobiler ist, drückt sich der Wunsch nach Nähe in Nachfolgen aus. Ihr Kind wird dieses Verhalten immer dann einsetzen, wenn es eine Regulierung seines emotionalen oder körperlichen Befindens braucht. Denn wenn durch Wut, Furcht und Trennungsangst instinktive Gehirnareale aktiviert werden, wird Ihr Baby von diesen Gefühlen so überwältigt, dass es in einen Zustand emotionaler Not und intensiver körperlicher Erregung gerät. Ihr Baby braucht nun Ihre Hilfe, um sich zu beruhigen und dann in diesem ruhigeren Zustand in einem anderen Gehirnareal, dem rationalen Gehirn, Wege zu bilden, die sich mit denen seiner angeborenen instinktiven Gehirnareale verbindet. Erst diese Wege ermöglichen es einem Kind, mit heftigen und körperlich empfundenen Gefühlen umzugehen.

Die neue Elternrolle

Als frisch gebackene Eltern werden Sie ganz neue Verhaltensweisen an sich entdecken. Gefühle von Liebe und Fürsorge werden Sie geradezu überschwemmen. Die Natur stellt damit sicher, dass Sie angemessen auf Ihr Baby eingehen, ihm helfen und für die Befriedigung seiner Bedürfnisse sorgen.

◎ Sie schützen Ihr Kind, geben Nahrung und Kleidung, helfen in den Schlaf und sorgen so für das körperliche Überleben.

◎ Sie geben Ihrem Baby emotionale Sicherheit und Nähe, indem Sie mit Körperkontakt (Tragen, Massieren, Streicheln, Pflege), Ihrem Geruch und Ihrer Stimme auf seine Bedürfnisse reagieren.

◎ Je feinfühliger Ihnen dieses gelingt und je mehr Sie auf Ihr Kind eingehen können, desto sicherer wird die Verbindung zwischen Ihnen.

Urvertrauen stärken

Die Erfahrungswelten, die ein Kind im ersten Lebensjahr mit seinen Eltern entwickelt, sind seine grundlegenden Bindungserfahrungen. Es lernt so, was es zu erwarten hat, wenn es sich traurig fühlt, Angst hat, müde oder krank ist oder aus einem anderen Grund Ihre Nähe braucht.

Das Gehirn Ihres Babys ist so gestaltet, dass es sich entsprechend seiner individuellen Umgebung und seiner Beziehungen vernetzen und anpassen kann. Als Folge Ihrer emotionalen Reaktionen auf seine unterschiedlichen Bindungsbedürfnisse knüpfen sich Wege im Gehirn. Diese Wege sind der Grundstein, um im späteren Leben Stress zu bewältigen, mit Wut und Aggressionen umgehen zu können, mitfühlend und liebevoll sein zu können, Motivation zu haben, eigene Träume zu realisieren und an sich zu glauben, auch entspannt zu sein und Ruhe empfinden zu können. Mit dieser Erfahrung entwickelt es sich in den nächsten beiden Lebensjahren weiter und lernt durch die Art Ihres Umgangs mit ihm auch die Liebe kennen.

Wenn Sie Ihrem Baby offen und herzlich zeigen können, dass Sie gern mit ihm zusammen sind und viel Freude beim Zusammensein haben, dass Sie alle Entwicklungsschritte spannend finden und seine Neugier unterstützen, dann werden Hormone ausgeschüttet, die als »Bindungsstoffe« oder auch »Liebesstoffe« bezeichnet werden. Der Lohn dafür ist ein glückliches Kind, das Sie selbst zu glücklichen Eltern macht.

Phasen der Eltern-Kind-Bindung

Da Ihr Baby sich im ersten Lebensjahr in rasanten Schritten entwickelt, ist auch das kindliche Bindungsverhalten in dieser Zeit Veränderungen unterworfen.

◎ **Phase 1: Bindung herstellen** In den ersten Wochen nach der Geburt ist das Bindungsverhalten noch unspezifisch. Ein Neugeborenes ist so auf die Unterstützung Erwachsener angewiesen, dass es auch die Hilfe von »Fremden« akzeptiert, um zu überleben.

◎ **Phase 2: Bindung vertiefen** Je älter Ihr Baby wird, desto besser wird es zwischen Ihnen und fremden Personen unterscheiden lernen. Schon mit drei Monaten wird es wissen, was es von seinen verschiedenen Bezugspersonen zu erwarten hat und wie es jede einzelne von ihnen für sich gewinnen kann. Auch Sie selbst werden merken, wie sich die unspezifische und überwältigende Elternliebe der ersten Tage in ein individuelleres Kennenlernen und Wertschätzen der besonderen Persönlichkeit Ihres Kindes wandelt.

◎ **Phase 3: Loslassen lernen** Im gleichen Maße wie Ihr Kind an Mobilität gewinnt, wird es sich von Ihnen loslösen. Ein erster wichtiger Einschnitt wird die Phase des Abstillens und die Einführung der festen Nahrung sein. Begleiten Sie Ihr Kind auf diesem Weg mit Liebe und Achtsamkeit und unterstützen Sie seinen Drang zur Selbstständigkeit, wo Sie nur können.

Ausdrucksmöglichkeiten

Schon Neugeborenen stehen verschiedene Ausdrucksmöglichkeiten zur Verfügung. So können sie sich durch Schmatzen, Saugen, Schreien und ruhiges Beobachten bemerkbar machen. Schon bald kommen Mimik und Gestik dazu. Nach einem Jahr werden Sie auch ohne Worte verstehen, was Ihr Baby Ihnen mitteilt.

Schreien bei Neugeborenen

Durch das Schreien bringt Ihr neugeborenes Baby seinen innigen Wunsch zum Ausdruck, dass jemand sich um es kümmern möge. In diesem Sinne ist das Schreien Ihres Babys seine erste Form der Kommunikation und des Sich-Mitteilens. Es kann in den ersten Wochen recht schwierig sein, das Schreien immer zu verstehen. Beobachtung, Geduld und die wachsende Erfahrung im Umgang mit Ihrem Kind werden Ihnen helfen herauszufinden, was Ihr Baby Ihnen sagen will. Alle Babys haben verschiedene Schreimuster. Einige schreien immer wieder für einige Zeit, andere recht selten und wieder andere eine längere Zeit ohne Unterbrechung. Einige lassen sich leicht trösten, andere brauchen Ihren Halt und auch Ihr Zuhören. Übereinstimmung herrscht in der Fachwelt darüber, dass Babys schreien, weil sie etwas brauchen und eine Reaktion von Ihrer Seite auf ihr Bedürfnis wünschen.

Sie werden den Grund nicht immer herausfinden können. Denn manchmal schreien Neugeborene selbst dann, wenn ihr Hunger gestillt wurde, sie nicht zu warm oder zu kalt eingepackt sind, sie in sauberen Windeln liegen und nah an Mamas Körper gehalten und gewiegt werden. Sie müssen den Grund des Schreiens nicht unbedingt kennen, sondern nur für sich und Ihr Baby akzeptieren, dass es einen Grund gibt.

Mögliche Ursachen

◉ Ihr Baby hat Hunger. Typische Signale: Es dreht den Kopf zur Seite und »sucht«. Wird es nicht verstanden, beginnt es das Mündchen aufzureißen, zu schreien und an seinen Fäusten zu saugen. In diesem Fall hilft nur sofortiges Anlegen oder die Zubereitung einer Flasche »Pre«-Anfangsnahrung.

◉ Ihr Baby ist überreizt und müde. Typische Signale: Ihr Baby gähnt und bricht den Blickkontakt zu Ihnen ab. Sein Blick wird starr und es dreht den Kopf zur Seite. Wenn Sie diesen günstigen Zeitpunkt für ein Nickerchen bereits verpasst haben, hilft nur noch Tragen und Wiegen (siehe Seite 65), um Ihrem Kind beim Einschlafen zu helfen.

◉ Ihr Baby braucht Körperkontakt. Typische Signale: Ihr Baby ist satt und ausgeschlafen und liegt alleine wach in seiner Wiege. Sie können es weder für sein Mobile noch für anderes Spielzeug interessieren. Erst wenn Sie es auf den Arm oder ins Tragetuch nehmen, beruhigt es sich.

◉ Ihr Baby langweilt sich. Typische Signale: Ihr Baby lässt sich durch das Anstupsen eines Mobiles oder eine kleine Plauderei schnell beruhigen.

Typische Schreiphasen

Die Hauptschreiphase im Leben eines Babys liegt in den ersten drei Monaten. Babys schreien am meisten in der sechsten und siebten Woche. Ein »typisches« Baby wird hauptsächlich gegen Abend in einer längeren Phase und den Tag und die Nacht über verteilt in kürzeren Phasen schreien. Es weinen alle Babys im Verlauf des Tages. Manche nur eine kurze Zeit, andere ein bis drei Stunden. Im Alter von 14 Tagen schreien Babys im Durchschnitt ein bis zwei Stunden und mit sechs bis sieben Wochen zwei bis drei Stunden. Im Alter von drei Monaten hat sich dann die durchschnittliche Schreizeit auf eine Stunde am Tag verringert.

So beruhigen Sie Ihr Baby

Setzen Sie sich ruhig mit Ihrem Baby hin und hören Sie ihm zu. Vielleicht muss es noch etwas von seiner anstrengenden Geburt erzählen, die Anspannung eines besonders hektischen Tages loswerden oder es hat schlecht geträumt. Zuhören und der Trost, dass Sie bei ihm sind, hilft Ihrem Baby, sich wieder zu beruhigen.

Schreibabys trösten

Einige Tipps werden Ihnen und Ihrem Baby als »Erste Hilfe« vielleicht nützlich sein können:

◎ Ein regelmäßiger Tagesablauf mit eingespielten Routinen und Ritualen beim Umsorgen, bei Massage und Zu-Bett-Gehen ist hilfreich.

◎ Unterstützen Sie regelmäßigen Schlaf, egal ob am Tag oder in der Nacht, und legen Sie Ihr Baby zur Ruhe, wenn es seine ersten Ermüdungszeichen zeigt.

◎ Unternehmen Sie nicht zu viel, wenn Sie ein sensibles Baby haben.

◎ Tragen Sie Ihr Kind regelmäßig mehrmals am Tag nah an Ihrem Körper. Studien konnten zeigen, dass »Traglinge« deutlich weniger schreien müssen.

◎ Legen Sie jeden Tag eine aktive Spielzeit ein, in der Ihr Kind auf dem Rücken liegend strampeln kann und Sie sich Zeit nehmen, sich mit ihm zu unterhalten.

◎ Falls Sie sich durch das Schreien Ihres Babys in zunehmendem Maß belastet und gestresst fühlen oder Sie dadurch sehr beunruhigt sind, hilft es, sich Entlastung und Rat zu holen. Sprechen Sie mit Ihrem Kinderarzt oder wenden Sie sich an eine Selbsthilfeinitiative zu Schreibabys (siehe Adressen Seite 169).

Trösten & Verstehen

95

Schreien ab dem dritten Monat

Wenn Ihr Baby älter als drei Monate ist, werden Sie mit Sicherheit die Hintergründe und eventuellen Bedürfnisse beim Schreien deuten können. Oft sind erfahrene Eltern von Kindern, die älter als sechs Monate sind, dazu in der Lage, allen »fremden« Anwesenden zu erklären, warum ihr Baby jetzt gerade schreit. Und Sie werden dann schon perfekt im Trösten und wesentlich entspannter sein können.

Verstehen

Vom ersten Tag an versucht Ihr Baby zu verstehen, was Sie ihm sagen möchten. So kann Ihr Kind am Klang Ihrer Stimme Ihre Gefühlslage erfassen. In einem Alter von vier bis fünf Monaten können viele Eltern beobachten, dass ihre Kinder reagieren, wenn sie mit ihrem Namen angesprochen werden. Kleine Dialoge können erfolgreich stattfinden. Wenn Sie Ihr Baby ansprechen, antwortet es Ihnen mit seinen eigenen Lauten.

Schreiende Kinder trösten

Finden Sie zuerst heraus, warum Ihr Baby weint. Hat es sich gestoßen? Hat es Hunger oder ist es krank? Will es Mamas Aufmerksamkeit?
Auch wenn Ihr Baby schon älter als drei Monate ist, ist es gut, wenn Sie schnell auf sein Weinen reagieren. Sie schenken Ihrem Baby damit die beruhigende Erfahrung, dass es immer auf Ihre Liebe zählen kann. Wenn Ihr Baby lange und anhaltend unzufrieden ist, helfen vielleicht folgende Strategien:

- ◎ Unterbrechen Sie Ihre momentane Tätigkeit und widmen Sie Ihrem Kind für etwa zehn bis 15 Minuten Ihre ungeteilte Aufmerksamkeit. Setzen Sie sich nahe zu ihm oder nehmen Sie es auf den Arm. Nehmen Sie direkten Blickkontakt auf, lächeln Sie es an und sprechen Sie leise mit Ihrem Kind.

- ◎ Wenn es sich wieder beruhigt hat, warten Sie ab, bis es von alleine die Initiative ergreift und von Ihrem Schoß krabbeln will, um etwas zu untersuchen oder genauer anzusehen. Vielleicht beginnt Ihr Kind auch einfach, nach Ihrer Hand oder einer Haarsträhne zu greifen.

- ◎ Lassen Sie Ihr Kind an Ihrem Alltag teilhaben. Nehmen Sie es mit, wenn Sie die Waschmaschine füllen oder die Wäsche aufhängen. Was für Sie wie langweiliger Haushaltsalltag aussieht, ist für Ihr Baby ein höchst spannender Abenteuerspielplatz.

- ◎ Setzen oder stellen Sie sich bei Hausarbeiten so hin, dass Ihr Baby Sie sehen kann, und nehmen Sie gelegentlich direkten Blickkontakt auf. Lächeln Sie Ihr Baby an. Das gibt ihm das beruhigende Gefühl, nicht allein zu sein.

Blickkontakt herstellen,   miteinander spielen,   zusammen lachen,   glücklich sein.

Erstes Lächeln

Ihr Baby wird mehr und mehr mit Ihnen kommunizieren. Nach dem ersten wichtigen Blickkontakt nach der Geburt werden Sie nach vier bis acht Wochen angelächelt werden, wenn Sie in sein Blickfeld kommen. Das wird eine beglückende, unvergessliche Erfahrung für Sie sein. Es ist ebenso der erste Ausdruck Ihres Babys für sein werbendes Verhalten in Ihrer Gesellschaft. Jetzt werden Sie auch seine Stimmungen und Bedürfnisse besser interpretieren können. Für viele Eltern bedeutet dies eine große Erleichterung und ein intensives Glücksgefühl.

Reaktionen

Ihr Kind wird Ihnen schon bald durch Blicke und Mimik verständlich machen, was es will. Wenn es Ihren Blick sucht, wissen Sie, dass es gerne Kontakt mit Ihnen haben möchte (siehe Bild 1 bis 4). Gemeinsam spielen und miteinander sprechen macht dann beiden Spaß. Wenn es keinen Kontakt sucht oder sogar den Blick abwendet, ist auch dies ein deutliches Zeichen.

Es braucht dann etwas Ruhe und muss sich erst einmal erholen. Babys in den ersten Lebenswochen werden meistens nach fünf bis zehn Minuten Kontakt müde. Wenn Ihr Kind dann sechs Monate alt ist, kann es gut 30 Minuten ganz aufmerksam sein.

Wenn Ihr Kind drei bis vier Monate alt ist, wird es Sie eindeutig von anderen Menschen unterscheiden können. Mit einem halben Jahr wird der Gesichtsausdruck des Gegenübers immer wichtiger und es werden auch nur noch freundlich schauende Menschen angelächelt. Bei den Erforschungstouren in den folgenden Monaten wird Ihr Kind immer wieder den wortlosen Austausch über Ihren Gesichtsausdruck prüfen wollen und es wird sich freuen, wenn es Zustimmung, Stolz und und Ermunterung darin liest.

Trösten & Verstehen

Sozialkompetenz

Ihr Baby hat seine eigene individuelle Persönlichkeit, die Sie eventuell schon bei der Geburtsarbeit kennenlernen konnten. Aber spätestens nach der Geburt werden Sie die Vorlieben und Abneigungen Ihres Babys und seine sehr eigenen Reaktionen auf Sie und auch auf die Umwelt entdecken können.

Temperament

Einige Babys mögen in den Armen gewiegt, andere wollen eher ruhig gehalten werden. Manche fühlen sich wohl, wenn sie fest in ein Tuch gewickelt werden, andere möchten mit ihren Händen und Füßen lieber frei strampeln. Einige schimpfen bei einer vollen Windel, anderen macht eine volle Windel gar nichts aus und sie schimpfen nur, weil sie schon wieder gewickelt werden. Vom Temperament Ihres Babys wird auch seine Verhaltensweise abhängen.

Fremdeln

Babys im Alter von sechs bis neun Monaten lernen ihre Umgebung aktiv kennen und beginnen, zwischen bekannten und unbekannten Personen zu unterscheiden. Oft kann es dann vorkommen, dass Ihr Kind sich von fremden Personen – zum Teil sogar von Oma und Opa – nicht anfassen oder auf den Arm nehmen

Wenn Ihr Baby fremdelt, braucht es dringend Ihre Nähe und Ihren Beistand.

lassen möchte. Es reagiert mit Abwenden des Kopfes, mit Weinen und Rückzug zu Mama und Papa. Wenn Sie solche oder ähnliche Situationen mit Ihrem Baby erleben, hat es einen wichtigen weiteren Entwicklungsschritt gemeistert: Es fremdelt.

Da die Babys in diesem Entwicklungsabschnitt mit der Erprobung ihrer Fortbewegungsmöglichkeiten beginnen und das Robben, Krabbeln und spätere Laufen einen deutlich größeren Bewegungsradius als bisher ermöglicht, hilft das Fremdeln, den Abstand zwischen Eltern und Kind nicht zu weit werden zu lassen. Da Ihr Kind in solch einer »Fremdelsituation« starken Emotionen ausgesetzt ist, braucht es Sie in diesen Momenten ganz besonders. Versuchen Sie, ihm mit Ihrer Nähe, Ihrem Zuspruch und Trost zu vermitteln, dass es nicht allein ist.

Anpassung

Versuchen Sie, Ihrem Baby beim Kennenlernen neuer Menschen und Situationen viel Zeit zu lassen. Ein ruhiges, oft als »leicht im Umgang« bezeichnetes Baby wird sich schnell an neue Umgebungen und Menschen gewöhnen. Auch werden Schlaf- und Stillprobleme weniger auftreten. Bei diesen kleinen Menschen besteht aber die Gefahr, dass eine Überstimulation auftritt. Diese Babys werden dann nicht unbedingt viel weinen, sondern sich eher in sich zurückziehen und kein Interesse an der neuen Situation zeigen oder nur noch schlafen wollen. Denken Sie bei solch einer Beobachtung auch an eine Pause für Ihr Baby.

Wenn Ihr Baby eher sensibel ist, wird es sich wahrscheinlich in entspannter, vertrauter, ruhiger Umgebung wohler fühlen, als in einer fremden, stark stimulierenden Umgebung. Akzeptieren Sie sein Weinen in einer fremden Umgebung dann als Ausdruck seiner großen Unsicherheit. Die eigenen vier Wände mit den bereits lieb gewonnenen Ritualen wird Ihr Baby schnell wieder in die Mitte bringen.

Erziehungsregeln für das erste Lebensjahr

◎ Seien Sie ein gutes Vorbild. Bemühen Sie sich im Umgang miteinander um Achtsamkeit und Liebe. Je mehr Ruhe Sie Ihrem Baby schenken, desto aufmerksamer wird es Ihnen zuhören.

◎ Überlegen Sie genau, was Sie erlauben und was Sie verbieten wollen. Halten Sie die Anzahl der Verbote dabei so gering wie möglich – so fällt es Ihnen selbst leichter, konsequent zu bleiben.

◎ Gewöhnen Sie sich von Anfang an daran, konsequent zu sein. Ihr Baby wird sich sicherer und zufriedener fühlen, wenn es genau weiß, woran es ist.

◎ Bieten Sie zu jedem Nein eine attraktive Alternative an. Wenn Ihr Kind das scharfe Messer nicht haben darf, kann es vielleicht unter Ihrer Aufsicht mit einer stumpfen Kinderschere hantieren.

◎ Kinder in diesem Alter können den Inhalt von Sätzen nur sinnlich erfassen. Es wird daher nichts bringen, wenn Sie immer wieder (und lauter) »Nein, lass das sofort!« schreien und dabei auf Ihrem Stuhl sitzenbleiben. Wenn Sie Ihr Baby von einer gefährlichen Tat abbringen wollen, müssen Sie aufstehen, zu ihm hingehen und seinen Arm oder seine Hand sanft daran hindern, den gefassten Plan auszuführen. Sagen Sie dazu freundlich aber bestimmt: »Nein!«

Trösten & Verstehen

99

Gefühle

Bei der Geburt eines Babys sind erst einmal die »Über-
lebensgefühle« entwickelt, die wir schon in der Früh-
geschichte der Menschheit zum Überleben brauchten.
Diese Gefühle sind Wut, Furcht und Trennungsangst.
Andere Gefühle müssen im Verlauf der ersten Lebensjahre erst noch gelernt werden. Mitgefühl beispielsweise
entwickelt sich erst mit drei oder vier Jahren – lange
nachdem die Ich-Entwicklung abgeschlossen ist.
So ist es ja selbst für uns, die wir schon so lange durchaus bewusst Gefühle empfinden, oft schwer, mit ihnen
umzugehen. Wir können dies an uns selber oder bei
Freunden beobachten. Es gibt Verdrängungskünstler,
Choleriker, stille Wasser und Menschen, die alle Gefühle
intensiv auskosten.
Was soll erst Ihr Baby machen, wenn es starken Emp-
findungen ausgesetzt ist, sich selbst aber noch nicht
aus diesem Zustand befreien kann? Es braucht Sie! Erst
wenn es gelernt hat, dass es in seinen Gefühlen ernst
genommen wird und Nähe und Trost bekommt, wird
es allmählich lernen, selbst mit seinen Gefühlen klar-
zukommen.
Ein Baby kann zwar schon recht deutlich seine Befind-
lichkeit im Sinne von »Wohlfühlen« oder »Unwohl-
fühlen« durch seinen Gesichtsausdruck kundtun, aber
für tiefere Gefühle muss sein Gehirn erst noch Vernet-
zungen schaffen. Und so werden Sie in bestimmten
Altersstufen Ihres Babys den Ausdruck neu gelernter
Gefühle entdecken.

Schon nach wenigen Monaten werden Sie bei Ihrem Kind
Gefühle wie Freude oder Wut erkennen.

Trennungsangst und Autonomie

Jedes Kind hat den innigen Wunsch, sich zu entwickeln,
seine Umwelt zu erkunden und zu erforschen. Die Aus-
bildung des eigenen Willens ist dabei ein Meilenstein
in seiner Entwicklung. Von nun an kann es Pläne entwickeln und in die Tat umsetzen. Nichts hindert Ihr
Baby jetzt mehr daran, die Welt zu entdecken. Nichts
als die Angst, sich von Ihnen zu weit zu entfernen.
Froscherdrang und Trennungsangst liegen gerade zwischen dem neunten und zwölften Lebensmonat in
einem permanenten Widerstreit. Sie erleichtern Ihrem
Kind diesen Konflikt, wenn es in den ersten Lebensmonaten und -jahren immer in Ihrer Sicht- und Rufweite
bleiben darf. So braucht es sich keine Sorgen darüber
zu machen, dass es Sie plötzlich verlieren könnte: Es
kann sich ungestört der Erforschung der Welt widmen.

So entwickelt sich die Gefühlswelt Ihres Babys

◉ **Die ersten sechs Lebenswochen** Ein Baby spürt, ob es sich wohl oder unwohl fühlt. Es kann mit seinem Gesichtsausdruck und einem Lächeln zeigen, dass es mit der Welt zufrieden ist. Ein offener, interessierter Blick zeigt, dass es sich gerade konzentrieren kann und etwas kennenlernen möchte. Gelegentlich können Sie auch eine angewiderte Miene beobachten.

◉ **Sechste Lebenswoche bis dritter Monat** Ihr Baby wird es lieben, wenn es von Ihnen freundlich angeschaut und angesprochen wird. Das Gefühl dahinter versteht es zwar noch nicht, aber es freut sich darüber und wird mit seinen ersten Tönchen fröhlich reagieren.

◉ **Dritter bis vierter Lebensmonat** Das Baby verfeinert seine gefühlsmäßigen Fähigkeiten, indem es im Spiel mit Ihnen immer mehr Aufmerksamkeit fordert. Es macht eindeutige auffordernde Tönchen, damit Sie es anschauen und reagieren. Es versucht, Ihren Blick durch Anlächeln und längeres Fixieren zu halten. Es nimmt Einfluss auf die Gestaltung Ihres Kontakts, indem es den Blickkontakt vermeidet oder wegschaut, wenn es keine Lust mehr am Spiel hat. Es kann Trauer und Ärger deutlich spüren und ausdrücken.

◉ **Vierter bis neunter Lebensmonat** In diesen Monaten wird Ihr Baby sich von einem freudigen oder auch ärgerlichen, wütenden Gesichtsausdruck anstecken lassen und als Reaktion darauf genauso schauen.

◉ **Sechster bis neunter Lebensmonat** Ihr vorher so offenes, freundliches Baby wird nun zwischen vertraut und fremd unterscheiden können. Das heißt, dass es zu fremdeln beginnt, wenn Ihre beste Freundin oder die Großeltern es auf den Arm nehmen wollen. Der typische Ausdruck des Fremdelns ist Abwendung von der unvertrauteren Person und das Hinwenden zu den Eltern. Falls die »Fremden« sich nicht an die Zurückhaltung und Vorsicht halten und es einfach wie in den Monaten davor auf den Arm nehmen wollen, wird mit Schreien gezeigt, dass dies nicht in Ordnung ist. Auf Mamas oder Papas Arm können die »Fremden« dann wieder ganz spannend sein …

◉ **Neunter bis zwölfter Lebensmonat** Ihr Baby wird langsam mobil in dieser Zeit und startet mit großer Neugier kleine Erkundungstouren durch Ihre Wohnung. Dabei kann etwas laut umfallen oder auch mal wackelig sein. Um sich in dieser »weiten Welt« zu orientieren, wird es sich immer wieder umdrehen und Ihrer Nähe versichern. Es will damit in Ihrem Gesicht erkennen, ob Gefahr droht oder es so weitermachen kann. Ihr Kind erkennt nun schon, ob Sie ängstlich, warnend, ärgerlich oder fröhlich und ermunternd schauen. Es stimmt so mit Ihnen gemeinsam die emotionale Bedeutung von Ereignissen ab und wird dann genauso in die Welt schauen, wie es das bei Ihnen gesehen hat.

Trösten & Verstehen

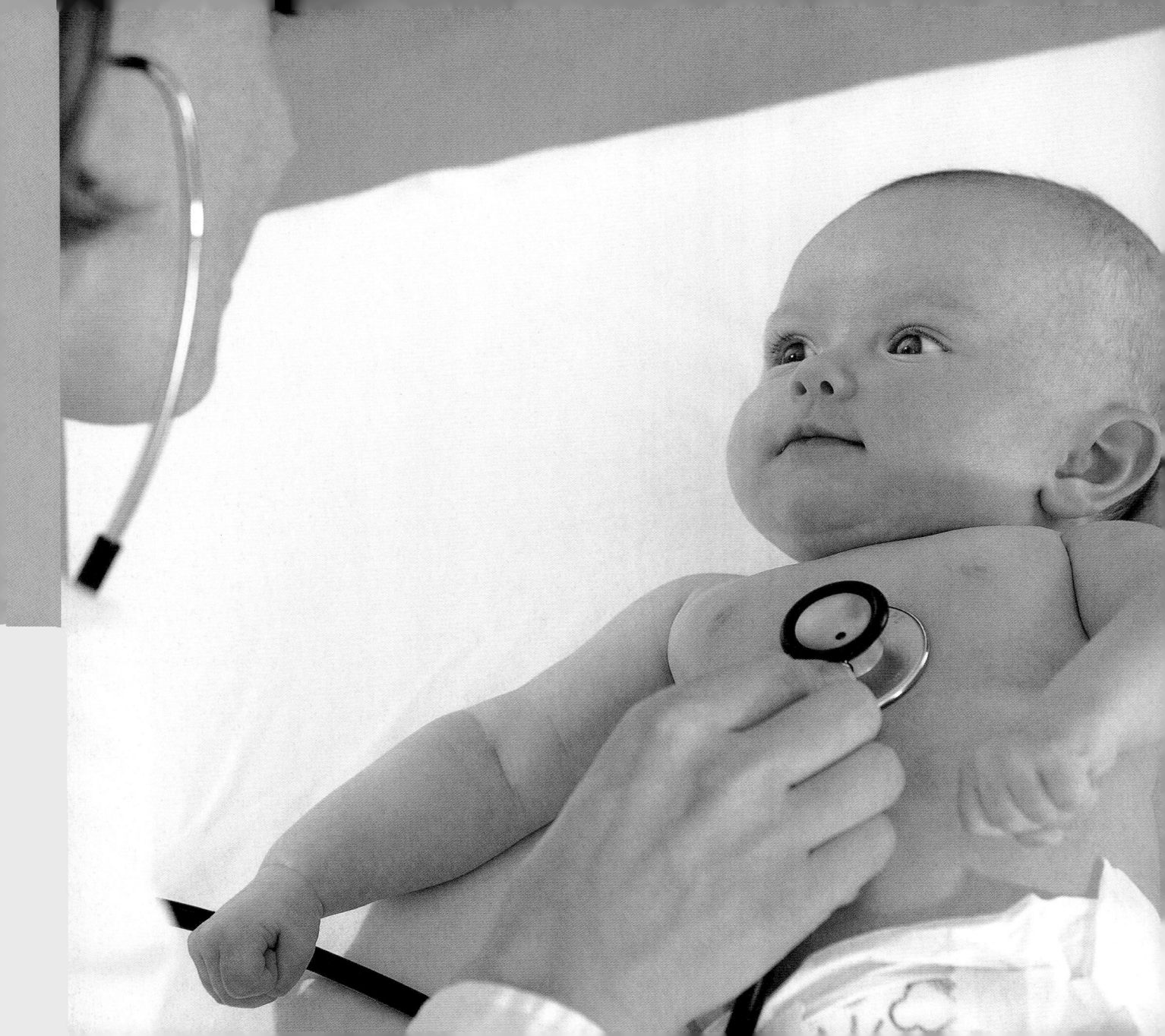

VORSORGEN & IMPFEN

Hebammenleistungen nach der Geburt

Sie haben in den ersten zehn Tagen nach der Geburt Ihres Babys das Recht und die Möglichkeit, die Hilfe einer Hebamme mit ein bis zwei Besuchen am Tag in Anspruch zu nehmen. Dabei wird sie sich die Zeit nehmen, Sie und Ihr Baby gründlich zu untersuchen und für all Ihre Fragen zur Verfügung stehen.

Hausbesuche

Auch nach den ersten zehn Tagen können Sie noch Unterstützung durch Ihre Hebamme erhalten. Diese werden Sie vor allem bei Stillproblemen oder verzögerter Rückbildung benötigen. Dazu sind bis zur achten Woche nach der Geburt noch 16 weitere Beratungen – telefonisch oder zu Hause – möglich. Darüber hinausgehender Beratungsbedarf kann ärztlich verordnet werden. Nach Ablauf von acht Wochen können Sie noch vier weitere Beratungen bei Ihrer Hebamme in Anspruch nehmen. Sie können diesen Bedarf bei Ihrer Krankenkasse mit Ernährungsproblemen Ihres Kindes (bis zum Ende des neunten Monats nach der Geburt) oder Still- beziehungsweise Abstillfragen (bis zum endgültigen Abstillen berechnungsfähig) begründen.

Neugeborenenscreening

Zur Früherkennung von Drüsen- und Stoffwechselerkrankungen wird bei allen Neugeborenen etwas Blut abgenommen. Eine rechtzeitige Behandlung ist sehr wichtig. Falls in Ihrer Gegend neue Testverfahren durchgeführt werden, kann das Blut schon nach 36 Stunden abgenommen werden. Bei älteren Untersuchungsverfahren erfolgt die Abnahme bis zur 72. Stunde nach der Geburt. Ihre Hebamme, eine Kinderkrankenschwester oder ein Kinderarzt können die Blutentnahme durchführen. Dabei wird Ihr Baby so in die Ferse gepikst, dass einige Tropfen Blut hervorquellen. Schauen Sie am besten gar nicht hin, wenn es passiert, und lassen Sie Ihr Baby sofort danach an der Brust trinken, damit es sich von seinem Schreck erholen kann. Das Blut wird auf mehrere Felder einer Filterkarte getropft und in ein Speziallabor geschickt. Das Ergebnis liegt in der Regel zwei bis drei Tage später vor und wird demjenigen, der die Blutentnahme vorgenommen hatte, zugeschickt. Sie werden nur wieder davon hören, wenn der Test wiederholt werden muss oder tatsächlich Auffälligkeiten vorliegen.

Hebammen – Expertinnen rund um die Geburt

Hebammen begleiten Frauen rund um Schwangerschaft, Geburt und Stillzeit.

Hebammen bieten:
◎ Kurse: Schwangerschaftsgymnastik, Geburtsvorbereitung, Babypflege, Rückbildungsgymnastik;
◎ Geburtshilfe als Kreissaalhebamme in einer Klinik, als sogenannte Beleghebamme oder zu Hause bei einer Hausgeburt, in einem Geburtshaus oder einer ärztlichen Praxis;
◎ Wochenbettbesuch in der Klinik (falls Beleghebamme) oder bei Ihnen zu Hause;
◎ Beratung bei Stillbeschwerden und Einführung von Beikost.
◎ Viele Hebammen haben Zusatzausbildungen in Akupunktur, Homöopathie, Bach-Blüten, Shiatsu und Ähnlichem und bieten diese Methoden gerne an.

In vielen Kliniken und bei Hausgeburten übernehmen Hebammen die Durchführung der U1.

Sind Sie gesetzlich versichert, werden die Kosten von Ihrer Krankenkasse übernommen. Sind Sie privat versichert, sind Hebammenleistungen in der Regel enthalten. Klären Sie dies frühzeitig mit Ihrer Versicherung. Da freiberuflich arbeitende Hebammen nur eine begrenzte Anzahl von Familien betreuen können, ist es ratsam, dass Sie sich schon während der Schwangerschaft um eine Nachsorgehebamme bemühen. Das hat den zusätzlichen Vorteil, dass Sie Ihre Hebamme schon gut kennen, wenn sie zu Ihnen nach Hause kommt. In den ersten Tagen nach der Geburt ist das ein beruhigendes Gefühl.

Kinderärztliche Versorgung

Meist ist er schon bei der U2 zugegen: Der Kinderarzt, der die weitere medizinische Betreuung Ihres Babys übernimmt. Er wird daher von der Geburt bis zur Pubertät Ihr enger Verbündeter sein, wenn es um die Gesundheit Ihres Kindes geht. Neben der Behandlung akuter Krankheiten umfassen seine Aufgabenfelder:
◉ die Gesundheitsvorsorge mit Früherkennungs-untersuchungen und Schutzimpfungen,
◉ das Erkennen und Bewerten von ökologisch und sozial bedingten Gesundheitsstörungen,
◉ die Gesundheitsförderung mit den Themen Ernährung, Erziehung und Sexualberatung.

Unmittelbar nach der Geburt werden Kinderärzte immer dann zu Rate gezogen, wenn ein Baby Probleme mit der Anpassung an sein Leben außerhalb des Bauches hat. Dies ist bei frühgeborenen Babys je nach Schwangerschaftsalter und bei Kindern kranker Mütter (etwa bei Diabetikerinnen) in jedem Fall notwendig.

Früherkennungsuntersuchung U1–J1

Diese Untersuchungen werden für Ihr Kind von der Geburt bis zum 15. Lebensjahr angeboten. Mit ihrer Hilfe sollen eventuelle Entwicklungsstörungen erkannt werden, noch bevor sie Ihnen selbst auffallen.

In den ersten Lebensjahren Ihres Kindes sind bei früh einsetzenden Therapien viele Erkrankungen heilbar, die bei zu spätem Behandlungsbeginn nur noch gebessert werden können. Die Zeitabstände zwischen den Unter-suchungen liegen im ersten Lebensjahr eng beieinander, da hier die Früherkennung und Therapie von Krank-heiten besonders effektiv ist.
Bei den ersten Untersuchungen stehen die Anpassung an das Leben außerhalb der Gebärmutter und das Erkennen angeborener Fehlbildungen und Stoffwechsel-erkrankungen im Vordergrund. Sie können zum Teil sofort behandelt werden. Bei späteren Untersuchungen stehen die körperliche, motorische und geistige Ent-wicklung Ihres Kindes im Mittelpunkt.
Die »U1« wird in der Regel von der Hebamme oder dem Gynäkologen durchgeführt, die Sie bei der Geburt unterstützt haben. Sie findet unmittelbar nach der Geburt statt. Alle weiteren Untersuchungen sind Auf-gabe des Kinderarztes. In manchen Gegenden führen auch Allgemeinmediziner oder praktische Ärzte mit einer besonderen Befugnis Früherkennungsunter-suchungen durch. Alle Untersuchungsbefunde werden in das gelbe Kinderuntersuchungsheft eingetragen, das Sie nach der Geburt beziehungsweise bei der Klinik-entlassung für Ihr Baby erhalten.

Vorsorge-Termine

Die Untersuchungen finden zu folgenden Zeitpunkten statt:

- ◎ **U1** kurz nach der Geburt
- ◎ **U2** zwischen dem 3. und 10. Lebenstag
- ◎ **U3** zwischen der 4. und 5. Lebenswoche
- ◎ **U4** zwischen dem 3. und 4. Lebensmonat
- ◎ **U5** zwischen dem 6. und 7. Lebensmonat
- ◎ **U6** zwischen dem 10. und 12. Lebensmonat
- ◎ **U7** zwischen dem 21. und 24. Lebensmonat
- ◎ **U7a** zwischen dem 34. und 36. Lebensmonat
- ◎ **U8** zwischen dem 46. und 48. Lebensmonat
- ◎ **U9** zwischen dem 60. und 64. Lebensmonat
- ◎ **J1** zwischen dem 13. und 15. Lebensjahr

Hörtest

Eine Reihenuntersuchung auf angeborene Hörstörungen, Hörscreening genannt, wird in den ersten Lebenstagen empfohlen und in manchen Entbindungskliniken auch durchgeführt. Fragen Sie bei einer außerklinischen Geburt oder nach einer Frühentlassung bei der U2 nach einer Testmöglichkeit in Ihrer Umgebung. Ihr Baby bekommt hierzu einen kleinen Stöpsel ins Ohr gesteckt, über den ein Ton ins Ohr geschickt wird. Falls der Test nicht bestanden wird, können auch tech-

nische Probleme bei der Messung vorgelegen haben. Es muss noch lange nicht heißen, dass Ihr Baby wirklich schlecht hört. Eine Wiederholungsuntersuchung wird in diesem Fall zu einem späteren Zeitpunkt durchgeführt. Sie sollte aber möglichst innerhalb der ersten sechs Lebensmonate stattfinden. Ein bis zwei Promille aller Neugeborenen leiden unter einer ausgeprägten, angeborenen Schwerhörigkeit beider Ohren. Bei der Einleitung einer frühen Therapie können die Kinder eine nahezu normale Sprachentwicklung und -fähigkeit erlangen.

Hüftultraschall

Diese Untersuchung wird in den ersten Lebenstagen empfohlen, wenn in Ihrer Familie frühe Hüftgelenksanomalien vorgekommen sind. Eine Geburt aus der Beckenendlage, die Geburt per Kaiserschnitt oder eine Frühgeburt gelten als weitere Gründe für eine solche Untersuchung. Auch Zwillingsschwangerschaften, sehr große Babys, zu wenig Fruchtwasser und Plazentaanomalien stellen weitere Risikofaktoren für eine zu flache Hüftgelenkspfanne dar. Bei Babys ohne diese Hinweise wird die Untersuchung zwischen der vierten und sechsten Lebenswoche im Rahmen der U3 empfohlen. Je früher die Anlage zu einer flachen Hüftgelenkspfanne entdeckt wird, desto kürzer ist die Behandlungszeit. Babys erhalten bis zur Ausreifung und Verknöcherung der Gelenkpfanne Spreizschienen, auch Spreizhöschen genannt, die meist schon ausreichend wirken.

Vorsorgeuntersuchungen im ersten Lebensjahr (U1 bis U6)

U1 (gleich nach der Geburt)

Nach der Geburt Ihres Babys erfolgt nach einer, fünf und zehn Minuten eine Beurteilung seines Zustands mit Hilfe des Apgar-Schemas. Dieser Test kann durchgeführt werden, während Ihr Baby auf Ihrem Bauch liegt. Diese »erste Bewertung« wird in den Mutterpass und in das Kinderuntersuchungsheft eingetragen.
Ein weiteres Kriterium zum Erfassen des Vitalzustandes eines Babys ist die Bestimmung des pH-Wertes, der Auskunft über den Säure-Basen-Haushalt gibt. Dafür wird nach dem Abnabeln und möglichst vor der Geburt der Plazenta aus der Nabelschnur eine Blutprobe entnommen. Falls ein Baby durch eine Sauerstoffunterversorgung während der Geburt Stress hatte, zeigt sich hier eine Übersäuerung (= Azidose) und der pH-Wert ist erniedrigt. Diese Untersuchung ist heute Routine an praktisch allen Kliniken und vollkommen schmerzfrei für Ihr Baby, da in der Nabelschnur keine Nerven verlaufen.
Auch dieser erste erhobene Blutbefund wird in den Mutterpass und das Kinderuntersuchungsheft eingetragen. Sie werden gefragt werden, ob Ihr Kind die

 Der pH-Wert

Der pH-Wert beurteilt die Sauerstoffsättigung im Blut. Bei einem Wert unter 7,00 kommt es gehäuft zu schweren Anpassungsproblemen des Kindes, sodass es meist nötig ist, den Kinderarzt zu rufen und es eventuell zur Sicherheit in eine Kinderklinik zu verlegen. Ansonsten sind die Babys in den meisten Fällen in der Lage, den pH-Wert innerhalb von zwei Stunden nach der Geburt in den Normalbereich zurückzuführen oder anzunähern.

◎ Der pH-Wert liegt bei 7,30 oder höher = optimal
◎ Der pH-Wert liegt zwischen 7,12 bis 7,29 = noch normal
◎ Der pH-Wert liegt unter 7,12 = Hinweis auf grenzwertige Übersäuerung
◎ Der pH-Wert liegt unter 7,00 = Hinweis auf kritische Übersäuerung

Augenprophylaxe und Vitamin K erhalten soll (siehe Seite 112). Das Gewicht, die Länge und der Kopfumfang werden gemessen.

U2 (3. bis 10. Lebenstag)

Ihr Baby wird bei dieser Grunduntersuchung von Kopf bis Fuß mit allen Körperregionen, Organen, dem Skelettsystem, der Mundhöhle und den Sinnesorganen angeschaut und abgehört werden. Es wird wieder gewogen und gemessen und der Kopfumfang wird bestimmt. Es wird über die Ernährung und die Verdauung, das Vorbeugen von Allergien und über den plötzlichen Säuglingstod mit Hinweisen zur richtigen Schlafumgebung gesprochen. Falls Ihr Baby eine gelbe Haut hat, (Neugeborenengelbsucht, siehe Seite 154) wird Ihr Kinderartz Ihnen erklären, wie Sie zu Hause damit umgehen können. Sie werden ein Rezept für Vitamin-D-Tabletten (siehe Seite 114) erhalten und Ihr Baby bekommt noch einmal Vitamin-K-Tropfen. Manchmal findet zu diesem Zeitpunkt eine Impfberatung statt.

U3 (4. bis 5. Woche)

Diese Untersuchung findet zwischen der vierten und sechsten Lebenswoche statt. Ihr Baby wird gewogen, um zu sehen, wie der Ernährungszustand ist, und auch Länge und Kopfumfang werden wieder gemessen. Die angeborenen Reflexe werden überprüft, um zu sehen, ob Störungen in den Gehirnfunktionen vorliegen. Eine erneute gründliche Untersuchung der Organe, der Kör-

Das sagt der Apgar-Test

Im Rahmen des Apgar-Schemas werden die fünf Aspekte mit Bewertungspunkten eingestuft:

ZEICHEN	0	1	2
Aussehen (Hautfarbe)	blass, blau	Körper rosig, Extremitäten blau	rosig
Herzschlag	keiner	weniger als 100 Schläge pro Minute	über 100 Schläge pro Minute
Muskeltonus	schlaff	etwas Tonus	aktive Bewegungen
Reflexe/Reaktionen auf Reize z.B. beim Absaugen	keine	geringe Reaktion, grimassieren	niest, hustet oder schreit
Atmung	keine	unregelmäßig	regelmäßig

Die Bewertung Ihres Babys erfolgt auf Grundlage der insgesamt erreichten Einstufungspunkte.

BEI	IST IHR BABY
9–10 Punkten	optimal lebensfrisch
7–8 Punkten	normal lebensfrisch
5–6 Punkten	im leichten Depressionszustand
3–4 Punkten	im mittelgradigen Depressionszustand
0–2 Punkten	im schweren Depressionszustand

Bei Werten unter fünf Punkten könnte Ihr Baby lebensunterstützende Maßnahmen brauchen.

Versorgen & Impfen

109

perfunktionen, einer eventuell noch vorhandenen gelben Hautverfärbung, der Augenreaktionen und des Hörvermögens steht an. Auch eine Ultraschalluntersuchung der Hüfte und die letzte Vitamin-K-Gabe werden vorgenommen.

U4 (3. bis 4. Monat)

Dieser Termin wird oft verbunden mit dem ersten Impftermin. Neben der gründlichen körperlichen Untersuchung wird wieder das Hör- und Sehvermögen geprüft. Die Fontanelle (Knochenlücke, vorn auf dem Kopf Ihres Babys) wird auf ausreichende Größe für das weitere Wachstum des Schädels untersucht. Das Bewegungsverhalten und Reaktionsvermögen wird mit Tests überprüft.

Ihr Kinderarzt wird feststellen,

◎ ob Ihr Baby schon sein Köpfchen halten kann, wenn es an beiden Händen hochgezogen wird,

◎ ob es in Bauchlage sicher den Kopf hält und sich mit den Unterarmen auf der Unterlage abstützt,

◎ ob es Gegenstände verfolgt oder Menschen nachschaut,

◎ ob es beginnt, nach seinen eigenen Händen und nach Gegenständen zu greifen,

◎ ob es seinen Blick nach der Stimme von Mama oder Papa richten kann und schon versucht »Brabbeldialoge« zu führen,

◎ ob es schon freudige Laute machen kann, wenn es sich freut.

U5 (6. bis 7. Monat)

Untersucht wird vor allem die Beweglichkeit, Geschicklichkeit und Körperbeherrschung Ihres Babys. Kann es sich schon vom Rücken auf den Bauch drehen? Oder in Bauchlage nur mit einer Handfläche abstützen, um mit der anderen Hand nach einem spannenden Gegenstand zu greifen? Kann es schon in Sitzposition das Köpfchen halten? Kann es sich schon hochziehen, wenn man es an den Händen anfasst?

An diese Tests wird sich wieder das Wiegen und Vermessen anschließen und wahrscheinlich auch die nächste Impfung (siehe Seite 116).

U6 (10. bis 12. Monat)

Ihr Kind wird von Kopf bis Fuß untersucht und gewogen. Länge und Kopfumfang werden gemessen. Neben Hör- und Sehuntersuchungen wird die Beweglichkeit und Körperbeherrschung erfragt und getestet. Kann Ihr Baby mit gestreckten Beinen und geradem Rücken frei sitzen? Kann es krabbeln oder robben? Gelingt es ihm schon, sich an Möbeln in den Stand hochzuziehen oder sogar schon zu laufen? Beherrscht es den Pinzettengriff? Weiteres Thema dieser Untersuchung ist die Sprachentwicklung. Kann Ihr Kind schon einzelne Worte oder Doppelsilben sprechen? Versteht es einzelne Begriffe? Reagiert es auf seinen Namen? Wie steht es mit seinem Sozialverhalten? Fremdelt es vielleicht (siehe auch Seite 98). Auch die nächste Impfung ist zu diesem Zeitpunkt vorgesehen.

Gewichtszunahme und Größenwachstum im ersten Lebensjahr

Gewichtszunahme

Wenn die Stillbeziehung gut aufgebaut wurde, wachsen und gedeihen die Babys rasch. Obwohl gestillte Babys ungefähr sieben Prozent ihres Geburtsgewichtes bis zum vierten Lebenstag verlieren, haben sie es vom siebten bis 14. Lebenstag wieder erreicht.

- ◎ Falls Ihr Baby mehr als zehn Prozent in den ersten drei Tagen abnimmt, ist es wichtig, durch häufiges Anlegen und gute Andocktechnik eine Gewichtszunahme zu unterstützen.
- ◎ Manche Babys sind auch nach drei Tagen noch etwas schläfrig und trinkfaul. In dem Fall sollten Sie Ihrem Baby das Trinken mithilfe abgepumpter Muttermilch schmackhaft machen.
- ◎ Zwischen der zweiten und achten Lebenswoche sollte Ihr Baby täglich mindestens zwanzig Gramm zunehmen.
- ◎ Ein normalgewichtiges, gesundes Kind nimmt bis zu seinem fünften Lebensmonat etwa 115 bis 225 Gramm pro Woche, danach ungefähr 100 Gramm pro Woche zu.

Eine alte Faustregel sagt, dass sich das Geburtsgewicht nach fünf Monaten verdoppelt und nach einem Lebensjahr verdreifacht hat. Dies wird auch durch die neu herausgegebenen Wachstumskurven der Weltgesundheitsorganisation bestätigt. Nach drei Monaten sind ausschließlich gestillte Babys im Durchschnitt etwas schlanker als die Babys, die mit künstlicher Nahrung gefüttert wurden. Dieses Wachstumsmuster wird durch die Selbstregulierung der Nahrungsmengeaufnahme von gestillten Babys begünstigt.

Größenwachstum

Das gesunde Wachstum eines Babys liegt in einem genetisch bestimmten Rahmen. Für die spätere Endgröße ist damit die Körpergröße der Eltern bestimmend. Die Geschwindigkeit der Gewichtszunahme ist genauso wie die Wachstumsgeschwindigkeit im ersten Lebensjahr am größten. Wobei in den ersten drei Monaten ein ungefähres Wachstum von fünf Zentimetern pro Monat, vom vierten bis sechsten Monat drei Zentimeter, vom siebten bis neunten Monat zwei Zentimeter und vom zehnten bis zwölften Lebensmonat ein Zentimeter angenommen wird.
Gewicht, Länge, Body-Mass-Index und Kopfumfang werden als Kriterien für eine gesunde körperliche Entwicklung in den Referenzkurven der Weltgesundheitsorganisation angegeben und bei jeder Früherkennungsuntersuchung beim Kinderarzt gemessen.

Versorgen & Impfen

111

Zusätzliche Vorsorgemaßnahmen

Vitamin K

Vitamin K ist ein fettlösliches Vitamin, das mit der Nahrung aufgenommen werden kann. Es wird aber auch von Bakterien produziert, die im Darm vorkommen. Vitamin K ist an der Bildung einiger Blutgerinnungsfaktoren beteiligt und daher lebensnotwendig. Seit 1994 gilt die Empfehlung der Ernährungskommission der Deutschen Gesellschaft für Kinderheilkunde, dass alle Neugeborenen dreimal 2 mg Vitamin K in gelöster Form erhalten sollen. Die Gabe erfolgt jeweils nach der Geburt bei der U1 sowie bei der zweiten und dritten Vorsorgeuntersuchung (U2 und U3). Da die verabreichten Tropfen nicht schmecken, verziehen die Babys meistens das Gesicht und signalisieren Abscheu. Legen Sie Ihr Baby daher unmittelbar danach an. Bei einer Entscheidung für oder gegen Vitamin K ist es wichtig, die häufigsten Risikofaktoren für eine mögliche Vitamin-K-Mangelblutung mit Ihrem Arzt oder Ihrer Hebamme abzuklären. So können einige Erkrankungen, für die Sie Medikamente einnehmen müssen, die Leberfunktion Ihres Babys einschränken. Auch Stress bei operativen Entbindungen, Quetschungen und Blutergüsse und natürlich eine Frühgeburt oder ein später Stillbeginn mit wenig Nahrungsaufnahme erhöhen das Risiko. Beim Vorliegen solcher Risikofaktoren ist auch bei einer kritischen Haltung der Eltern immer eine Prophylaxe mit Vitamin K sinnvoll.

Augenprophylaxe

In vielen Kliniken wird eine Durchführung dieser Prophylaxe immer noch empfohlen. Andere Kliniken richten ihre Aufmerksamkeit darauf, etwaige Erkrankungen frühzeitig zu erkennen und zu behandeln. Dazu trägt auch eine regelmäßige Schwangerschaftsvorsorge bei.

 **WICHTIG**

Bei einem Mangel an Vitamin K, der bei etwa einem Prozent der Babys vorkommt, besteht eine erhöhte Blutungsbereitschaft zwischen der ersten und zwölften Lebenswoche. Während in der ersten Lebenswoche in der Regel nur leichtere Blutungen im Darm, an der Nabelwunde oder nach einer Blutentnahme auftreten können, sind Blutungen zwischen der dritten und zwölften Lebenswoche weitaus problematischer: Sie können das Gehirn betreffen und dauerhafte Schäden hervorrufen.

Augeninfektionen verhindern

Derzeit gibt es zwei Methoden, um Augeninfektionen vorzubeugen:

(1) Bei der Credé-Prophylaxe wird jeweils ein Tropfen einer 1-prozentigen Silbernitratlösung (Höllensteinlösung) in jedes Auge geträufelt. Die Höllensteinlösung wirkt gegen Viren, Pilze und Bakterien, allerdings nicht gegen Chlamydien. Von einer unbehandelten Bindehautentzündung mit Chlamydien kann ein Baby eine Infektion der Atemwege und eine Lungenentzündung bekommen. Das Einträufeln der Augentropfen bereitet dem Baby einen brennenden Schmerz und oft kann und will es die Augen dann eine Weile nicht mehr richtig öffnen. Vorübergehende Bindehautreizungen sind nicht selten.

(2) Möglich ist auch die einmalige Verabreichung einer antibiotischen Augensalbe, die gegen Chlamydien und andere Bakterien wirkt. Sie hilft allerdings nicht gegen Pilze und Viren. Diese Salben haben zwar nicht die unangenehmen Nebenwirkungen der Credé-Prophylaxe, dafür ist aber ihre Wirksamkeit fraglich. Der Einsatz dieser Medikamente zu vorbeugenden Zwecken bedarf Ihrer persönlichen Zustimmung. Sie müssen also eine Entscheidung treffen. Viele Eltern lehnen die Augen-Prophylaxe ab, weil sie nicht 100-prozentig wirksam ist und unerwünschte Nebenwirkungen möglich sind. Zudem können selbst nach Verabreichung der Medikamente behandlungsbedürftige Bindehautentzündungen auftreten.

Infektionen der Mutter können so geheilt werden, bevor sich das Baby anstecken kann. Die Möglichkeit, dass Ihr Baby sich mit Erregern infiziert, die eine Bindehautentzündung hervorrufen können, besteht zum Beispiel auf dem Weg durch den Geburtskanal. Aber auch durch häufiges vaginales Untersuchen können Erreger zum Baby gelangen. Da Ihr Kind noch nicht über ein gut arbeitendes Abwehrsystem verfügt, kann es bereits kurz nach der Geburt an einer Bindehautentzündung erkranken. Dabei kommt es zu einer deutlich zunehmenden Rötung und Schwellung der Bindehäute (des Augeninnenlids) und einer Absonderung von Sekreten, die das Auge verkleben. Eine Bindehautentzündung kann leicht übersehen werden, da allgemeine Reizungen der Augen bei Babys anfangs sehr oft auftreten. Obwohl ein »Triefäuglein« meist vollkommen harmlos ist, sollten Sie Auffälligkeiten an den Augen in den ersten Tagen Ihrer Hebamme oder Ihrem Kinderarzt zeigen.

Vitamin D

Als Rachitisprophylaxe wird eine täglichen Gabe von 500 I. E. Vitamin D über ein Jahr empfohlen. Bei Winterbabys gilt diese Empfehlung sogar über das erste Lebensjahr hinaus bis zum Frühling.

Der Hintergrund: Zur Knochenbildung wird ein Abkömmling des Vitamin D3 gebraucht, um Calcium aus dem Darm aufzunehmen. Dieses Vitamin D3 kann der Körper selber mit Hilfe von UV-Anteilen aus dem Sonnenlicht bilden. Da aber in Wintermonaten und im Frühjahr in unseren Regionen ein Mangel an Sonnenlicht besteht, kann Vitamin D3 nicht immer in ausreichendem Maße gebildet werden und dadurch ein Calciummangel entstehen, der bei schwerem Mangel eine Rachitis verursachen kann.

Da Muttermilch nur wenig Vitamin D enthält, werden Sie für Ihr Baby Tabletten oder ein Öl verordnet bekommen, die es ab dem siebten oder 14. Lebenstag an täglich einnehmen soll. Sie können die Tablette mit etwas Muttermilch oder Wasser auf einem Teelöffel auflösen und Ihrem Kind vor dem Stillen oder der Flasche langsam einflößen. Ihr Baby wird sich an die Löffelfütterung bald gewöhnt haben und Sie werden bei Einführung der ersten Beikost schon einen Säugling haben, der mit dieser Esstechnik gut vertraut ist.

Verzichten Sie aber darauf, die Tablette direkt in der Milchflasche aufzulösen. Wenn ein Rest in der Flasche bleibt, können Sie nicht kontrollieren, wie viel Ihr Baby von der Vitamin-D-Prophylaxe bekommen hat.

Fluor

Da Karies keine Fluoridmangelerkrankung ist, hält die Deutsche Gesellschaft für Zahn-, Mund- und Kieferheilkunde (DGZMK, Erklärung im März 2000) die Verabreichung von Fluor-Tabletten vor dem Zahndurchbruch für nicht wirksam. Also können Kombinationspräparate zur Rachitis-Karies-Prophylaxe vor dem Durchbruch der ersten Zähne nicht empfohlen werden.

Allergieprophylaxe bei Kindern

Allergieauslösung über die Ernährung

Als Vorbeugung gegen Allergien bei familiärem Risiko wird ausschließliches Stillen bis zum Ende des sechsten Lebensmonats empfohlen. Falls mindestens ein Geschwister- oder Elternteil an einer allergischen Erkrankung leiden, wird empfohlen, bei nicht oder nicht voll gestillten Babys eine so genannte HA-Nahrung zu füttern. HA steht für hypoallergen (hypo heißt unterhalb des Normalen) und soll durch eine Aufspaltung der Eiweiße vom kindlichen Organismus nicht als fremdes Eiweiß erkannt werden. Folge davon ist eine verringerte allergische Reaktion, allerdings kein sicherer Ausschluss. Bei einer Kuhmilchallergie gibt es besondere Ersatznahrungen, zu denen Ihnen Ihr Kinderarzt raten wird. Als Vorbeugungsmaßnahme wird die Vermeidung bekannter allergieauslösender Stoffe und Nahrungsmittel bei der Beikosteinführung angesehen. Hierzu zählen vor allem Nüsse, bestimmte Getreide und Tiermilch (siehe Seite 49).

Bei der Zubereitung von Breien sollten Sie immer jede Gemüse- oder Obstsorte für eine Woche allein ausprobieren, bevor die getesteten Sorten gemischt werden. Damit erkennen Sie Ursachen spezieller allergischer Reaktionen Ihres Kindes. Verwenden Sie auch nur eine Getreidesorte im Brei. Am besten fangen Sie zuerst mit Reisflocken im Gemüsebrei an, bevor Sie ab dem neunten Lebensmonat Hafer, Weizen oder Dinkel als weitere Getreidesorten einführen.

Allergieauslösung über Haut und Atmung

Wenn Allergiker in Ihrer Familie leben, bevorzugen Sie durchaus gebrauchte Kleidung, da sie so oft gewaschen wurde, dass weniger allergieauslösende Stoffe im Material vorhanden sind. Für die Wahl der Matratze wird in diesem Fall auch empfohlen, dass sie keine Tierhaare (zum Beispiel Wolle und Rosshaar) enthalten sollte. Für Ihren häuslichen Bereich bestehen bei allergiegefährdeten Kindern Risikofaktoren, die im Einzelnen durch Studien bekannt wurden. Folgende Maßnahmen zur Risikominimierung haben sich bewährt:

◎ Rauchverbot in der Lebensumgebung ihres Babys;
◎ Verzicht auf Haustiere;
◎ keine Teppiche und Gardinen im Schlafzimmer und Raum des Babys, die nicht regelmäßig gewaschen werden können;
◎ im Bett keine Matratzen aus Rosshaar oder mit einer Wollauflage, keine Naturhaardecken, Federbetten oder Schaffelle;

Kariesprophylaxe

Karies ist eine Erkrankung, bei der Zahnhartsubstanz durch von Bakterien produzierte Säuren zerstört wird. Durch vorbeugende Maßnahmen, eine Kariesprophylaxe, kann Karies verhindert werden.

◎ Lassen Sie Ihre Zähne schon in der Schwangerschaft auf Karies untersuchen und gegebenenfalls behandeln, um Ihrem Baby beim Schmusen diese Bakterien möglichst nicht zu übertragen.
◎ Vermeiden Sie Nuckelflaschen, die Ihrem Baby und später Ihrem Kleinkind den ganzen Tag und in der Nacht zur Verfügung stehen.
◎ Bieten Sie als Durstlöscher bei einem größeren Kind keine gesüßten Getränke, sondern stilles natriumarmes Wasser an.
◎ Achten Sie bei der Einführung von Beikost auf eine zuckerarme Ernährung und bei einem größeren Kind auf länger zu kauende, rohkostreiche Nahrung.
◎ Nach dem Durchbruch der ersten Zähnchen ist ein erster Zahnarztbesuch sinnvoll, um die Härte des Zahnschmelzes beurteilen zu lassen. Bei einem weichen Schmelz kann durch lokale Fluoridgaben oder durch die Einnahme von Flouriden in Tablettenform der Schmelz gestärkt werden. Wählen Sie einen Zahnarzt, der auf Kinder spezialisiert ist.

Beginnen Sie mit einer frühestmöglichen Zahnpflege, am besten sobald die ersten Zähne da sind, zunächst mit einem Wattestäbchen und sobald es Ihnen möglich erscheint mit einer Zahnbürste (siehe Seite 58).

Versorgen & Impfen

115

Impfungen

Empfohlene Impfungen

Von der STIKO (Ständige Impfkommission am Robert-Koch-Institut) werden Impfungen gegen folgende Infektionskrankheiten empfohlen: Diphtherie, Tetanus (Wundstarrkrampf), Pertussis (Keuchhusten), Poliomyelitis (Kinderlähmung), Haemophilus influenzae Typ-B-(Hib)-Infektion (Hirnhaut- und Kehlkopfentzündung), Masern, Mums, Röteln, Hepatitis B, Varizellen (Windpocken), Meningokokken, Pneumokokken.

Zeitpunkt

Die Impftermine werden in den ersten zwei Lebensjahren oft mit den Vorsorgeterminen verbunden sein. Es ist aber auch möglich, in Absprache mit dem Kinderarzt einen individuellen Impfplan zu erstellen.

◎ **Nach dem zweiten Lebensmonat** wird die erste Impfung gegen Tetanus, Diphtherie, Polio, Haemophilus influenzae Typ B (Hib), Pertussis und Hepatitis B – meistens in einer Spritze – und Pneumokokken – in einer weiteren Spritze – empfohlen.

◎ **Nach dem dritten Lebensmonat** wird die zweite Impfung gegen Tetanus, Diphtherie, Polio, Haemophilus influenzae Typ B (Hib), Pertussis und Hepatitis B – meistens in einer Spritze – und Pneumokokken – in einer weiteren Spritze – empfohlen.

◎ **Nach dem vierten Lebensmonat** wird die dritte Impfung gegen Tetanus, Diphtherie, Polio, Haemophilus influenzae Typ B (Hib), Pertussis und Hepatitis B – meistens in einer Spritze – und Pneumokokken – in einer weiteren Spritze – empfohlen.

◎ **Nach dem elften Lebensmonat** wird die vierte Impfung gegen Tetanus, Diphtherie, Polio, Haemophilus influenzae Typ B (Hib), Pertussis und Hepatitis B – meistens in einer Spritze – und Pneumokokken – in einer weiteren Spritze – empfohlen.

◎ **Nach dem zwölften Lebensmonat** wird die erste Impfung gegen Masern, Mumps, Röteln, Varizellen – in einer Spritze – gegeben. Eine einmalige Impfung gegen Meningokokken ist zu diesem Zeitpunkt möglich.

Ihrem Baby werden dabei entweder bei einer »aktiven Impfung« abgetötete, oder bei einer »passiven Impfung« sehr abgeschwächte Krankheitserreger zugeführt. Viele Babys sind nach Impfungen müde und können mit leichtem Fieber reagieren.

Ihr Kinderarzt sollte immer auf dem neuesten Stand der wissenschaftlichen medizinischen Veröffentlichungen zu diesem Thema sein. Dann kann er Ihre Fragen beantworten. Um negative Folgen von Impfungen zu vermeiden, muss das Baby am Tag der Impfung wirklich gesund sein. Auf jeden Fall sollten Sie vor dem Arztbesuch die Temperatur messen.

Für und Wider von Impfungen

Sie werden für Ihr Baby entscheiden müssen, welche Impfungen es bekommen soll, denn in Deutschland besteht kein Impfzwang mehr. Vor allem bei Überlegungen, die gegen das Impfen sprechen, sollte ihre familiäre und persönliche Situation einbezogen sein:

◉ Hat Ihr Baby eine Erkrankung, bei der Kinderkrankheiten eine besonders belastende Verstärkung der Probleme oder ein Risiko darstellen könnten?

◉ Lebt ein ungeimpftes Geschwisterkind im Haushalt, das Kinderkrankheiten zu einem sehr frühen Zeitpunkt zum Baby bringen kann?

◉ Sind Sie, Ihr Partner oder eine andere Person (Tagesmutter, Großeltern) in der Lage, Ihr an einer Kinderkrankheit erkranktes Kind möglicherweise auch über Wochen zu pflegen?

◉ Planen Sie Fernreisen oder Arbeitsaufenthalte im Ausland oder bekommen Sie Besuche aus Ländern, in denen die bei uns oft harmlos verlaufenden Kinderkrankheiten großen Schaden anrichten könnten?

◉ Wünschen Sie sich einen Auslandsschulaufenthalt für Ihr groß gewordenes Kind? Viele der begehrten Austauschländer verlangen für ein Schulvisum einen Impfausweis mit dem Nachweis vieler Impfungen.

Mögliche Reaktionen nach dem Impfen

Die meisten Impfungen werden ohne Probleme vertragen. Als im normalen Rahmen sind folgende Reaktionen anzusehen:

◉ Eine innerhalb der ersten drei Tage gerötete, leicht angeschwollene Einstichstelle, die dann nach ein bis zwei Tagen wieder verschwindet.

◉ Ihr Baby ist nach dem Impfen für ein bis drei Tage unruhiger, quengeliger, schläft schlechter und trinkt beziehungsweise isst schlechter als sonst.

◉ In den ersten drei Tagen kann leichtes Fieber, bis 38,5 °C, auftreten, was bedeutet, dass Ihr Baby seine Immunabwehr aktiviert hat und sich der Körper mit dem Impfstoff auseinandersetzt. Eine durchaus gesunde Reaktion des Körpers!

◉ Bei der Masern-Mumps-Röteln Impfung kann noch bis drei Wochen nach dem Impftermin eine Reaktion auftreten. Sie zeigt sich in einem feinen, masernähnlichem Ausschlag oder einer angeschwollenen Ohrspeicheldrüse mit leichtem Fieber. Kein Grund zur Sorge, auch hier springt das Immunsystem als Reaktion auf den Impfcocktail an.

◉ Falls Ihr Baby aber Temperaturen über 38,5 °C entwickelt, die länger als 24 Stunden anhalten, oder apathisch wirkt oder krampfartig mit beiden Armen und Beinen zuckt, müssen Sie sich sofort an Ihre Kinderärztin oder die Kinderklinik wenden (kommt extrem selten vor!).

Die Geburt eines kranken Babys

Alle Eltern wünschen sich ein gesundes Baby. Die Realität zeigt jedoch, dass jedes zehnte Baby mit einem gesundheitlichen Problem zur Welt kommt und jedes 100. Baby als behindert eingestuft wird. Ihr Baby so anzunehmen und zu lieben, wie es angekommen ist, kann für Sie ein sehr schwerer, aber entscheidender Schritt sein, um Ihr Baby auf seinem Weg zu begleiten und es bestmöglich zu unterstützen.

Nicht alle gesundheitlichen Probleme, die ein Baby mit ins Leben bringt, sind von Anfang an sichtbar. So zeigen sich manche vererbte Erkrankungen erst im Laufe des Lebens als chronische Erkrankungen, andere zeigen sich durch Entwicklungsverzögerungen oder -störungen. Wieder andere zeigen sich durch Fehlbildungen, die in manchen Fällen erst im Laufe der ersten Lebensjahre entdeckt werden, wenn sie von außen nicht sichtbar sind und zum Beispiel das Herz betreffen.

Auch wenn gesundheitlich benachteiligte Babys ihre der Krankheit entsprechenden eigenen Probleme haben, werden sie die gleichen Entwicklungsaufgaben wie gesunde Babys bewältigen müssen und können. Deshalb wäre es nicht richtig, sich ausschließlich auf den Teil der gesundheitlichen Beeinträchtigung zu konzentrieren und die Förderung der Persönlichkeitsentwicklung zu vernachlässigen.

Leben mit Ihrem kranken Kind

Mit einem gesundheitlich beeinträchtigten Baby zu leben bedeutet für die meisten Menschen enormen Stress. Eltern gesunder Babys fühlen sich schon oft an den Rand der Erschöpfung geführt und so berichten Eltern kranker Kinder, dass sie total überfordert sind. Sie können ihre Erfahrungen bei der Behandlung der Kinder nicht mit anderen Eltern teilen, fühlen sich meistens allein, wissen nicht wie es mit dem Arbeitsleben und finanziell weitergehen soll und wo sie die beste medizinische Begleitung für ihr Kind finden können. Falls Sie sich in solch einer Situation befinden, können Ihnen folgende Hinweise helfen:

◉ Sorgen Sie für Unterstützung im Haushalt. Dabei können das Jugendamt und andere Sozialdienste helfen – auch finanziell.

◉ Kontakt zu Eltern, die mit Kindern mit einer ähnlichen Erkrankung oder Behinderung leben, kann sehr hilfreich sein. Oft existieren Selbsthilfegruppen oder Beratungsstellen, die nicht zu weit entfernt sind (siehe Adressen Seite 170).

◎ Gönnen Sie sich als Paar regelmäßig Erwachsenenpausen nur für sich allein, um das »Leere-Brunnen-Gefühl« loswerden zu können.

◎ Versuchen Sie, einen realistischen Horizont für die Entwicklung Ihres gesundheitlich beeinträchtigten Babys zu erarbeiten. Was kann möglich sein, was wird unmöglich sein? Welche Diagnostik und Therapie erscheint Ihnen sinnvoll, welche nur belastend?

Angeborener Herzfehler

Auch wenn die Anfangsdiagnose »angeborener Herzfehler« alle Eltern erst einmal schockiert, sind die Aussichten für diese Kinder sehr gut. 85 Prozent der herzkranken Kinder erreichen das Erwachsenenalter. In Deutschland leben mehr als 200 000 Menschen mit angeborenen Herzfehlern.

Hörstörung

In Deutschland kommen im Jahr etwa 1800 Kinder mit einer angeborenen Hörstörung zur Welt. Somit sind Hörstörungen eine der häufigsten Erkrankungen im Neugeborenenalter. Da in den ersten zwei Lebensjahren die Grundlagen für die Sprachentwicklung gelegt werden und in dieser Zeit auch die Hörbahn und Nervenzellen reifen, ist eine frühe Erkennung besonders wichtig. Es gibt gute Möglichkeiten, angeborene Hörschäden

erfolgreich zu behandeln, wenn sie innerhalb des ersten halben Lebensjahres entdeckt werden. Leider werden viele Hörschäden oft erst im zweiten oder gar dritten Lebensjahr bemerkt.

Erschreckenderweise ist auch die Zahl der später erworbenen, das heißt der nicht angeborenen Hörschädigungen sehr hoch. Die Schwerhörigkeit ist daher nicht nur ein Problem bei kleineren Kindern. In Deutschland hat nach Schätzung von Experten bereits fast jeder vierte Jugendliche eine Beeinträchtigung des Gehörs.

Allergien

In Deutschland und den angrenzenden Ländern kommt bereits jedes dritte Baby mit einem erhöhten Allergierisiko auf die Welt. Die Anlage, eine Allergie zu bekommen, wird wahrscheinlich vererbt. Je mehr Menschen in der Familie an einer Allergie leiden, desto größer ist das Risiko für Ihr Baby.

Allergien können bei Babys durch bestimmte Stoffe ausgelöst werden, die sowohl natürlichen als auch künstlichen Ursprungs sein können. Diese Stoffe können vor allem in der Nahrung vorkommen, aber auch über Atmungs- oder Hautkontakt wirken.

Allergien können nicht nur als Hautausschlag oder Schnupfen deutlich werden, sondern können sich auch im gesamten Körper zeigen. Wenn Ihnen der Allergieauslöser bekannt ist und ein Kontakt vermieden werden kann, ist gut geholfen. Ansonsten ist eine ärztliche Spezialsprechstunde für Allergien zu empfehlen.

BETREUUNG & FAMILIE

Eine Familie entsteht

Wenn Ihr Baby geboren ist, wird für Sie in der Welt wirklich alles anders sein als davor. Es ist normal, dass die Realität des Elternseins nicht immer Ihren Vorstellungen und Erwartungen entsprechen wird. Oft haben frische Eltern den Anspruch an sich selbst, alles »perfekt« meistern zu wollen. Der Haushalt soll ordentlich sein, ein Drei-Gänge-Menu soll auf dem Tisch stehen und die frischen Mütter wollen acht Wochen nach der Geburt wieder in ihr Etuikleid passen. Seien Sie gnädig mit sich selbst! Ihrem Baby wird ein unaufgeräumtes Zimmer nicht auffallen. Es wird dann glücklich sein, wenn es spürt, dass Sie für es da sind und versuchen, seine Bedürfnisse zu verstehen.

Eltern sein

Viele Paare erleben die Elternschaft als fordernder, als sie es sich ausgemalt hatten. Dauernd zur Verfügung stehen zu wollen und zu müssen, lässt einige Eltern mit der Sorge zurück, die Kontrolle über ihr Leben zu verlieren. Um diese Kontrolle zu behalten, ist es gut, auf die eigenen Ideen und Gefühle zu vertrauen. Das heißt nicht, dass bei Ihnen nicht auch Zweifel oder Fehler im Umgang mit dem Baby auftreten können. Dies geht allen Eltern irgendwann einmal so und ebenso entsteht bei allen der Wunsch, etwas in der Vergangenheit anders

oder besser gemacht zu haben. Lassen Sie sich durch diese Gedanken nicht Ihr Selbstvertrauen nehmen. Suchen Sie Kontakt zu anderen Eltern. Alle haben diese Zweifel ab und zu und manche Hinweise können Ihnen vielleicht weiterhelfen. Wichtig ist, sich bei allem klarzumachen, dass diese erste Zeit mit Ihrem Kind, so anstrengend sie auch sein mag, in ihrer Intensität auch etwas Besonderes hat.

Vertrauen Sie sich als Eltern gegenseitig und tauschen Sie sich unbedingt aus, wenn Sie in der Umgehensweise unterschiedlicher Meinung sind. Ihr Baby wird glücklich und zufrieden sein, dass zwei Menschen sich um es kümmern wollen, und es wird lernen, dass diese beiden manche Dinge unterschiedlich handhaben. Versuchen Sie, sich die Aufgaben in der Pflege und im Umgang mit dem Baby sowie im Haushalt aufzuteilen. Schreiben Sie eine Liste mit all den Dingen, die in Ihrem Haushalt zu erledigen sind, und teilen diese für alle zufriedenstellend auf. Auch wenn einer von Ihnen zu Hause bleibt und der andere arbeiten geht, ist es sehr wichtig, über Entlastung im Alltagsleben nachzudenken. Ein kleiner Mensch benötigt so viel Aufmerksamkeit, dass sich selbst viele zu Hause Gebliebene mit der Bewältigung aller Aufgaben überfordert fühlen. Wenn möglich, sollte auch Unterstützung von außen ein Thema sein.

Regelmäßige Väter-Dienste

Auch wenn Papa schon bald wieder arbeiten muss, wird Ihr Baby doch sehr von seiner regelmäßigen Aufmerksamkeit profitieren. Das gilt natürlich auch, wenn es Mama ist, die wieder arbeiten geht. Eine Beteiligung des draußen arbeitenden Partners oder der Partnerin könnte so aussehen:

◎ Versuchen Sie, möglichst regelmäßig wichtige »Rituale« für Ihr Baby mit zu übernehmen. Ein Einschlaflied jeden Abend beim Ins-Bett-Bringen oder eine entspannende Fußmassage für Ihr Baby werden Sie beide lieben lernen.

◎ Wechseln Sie die Kleidung Ihres Babys jeden Morgen oder jeden Abend, je nachdem, was zeitlich besser für Ihren Job passt. Wechseln Sie auch oft mit viel Zeit und Schmusen zwischendurch die Windeln.

◎ Baden Sie mit Ihrem Baby in 37 °C warmen Wasser für fünf bis zehn Minuten und zelebrieren Sie das anschließende Massageritual.

◎ Spielen Sie regelmäßig mit Ihrem Baby in seiner Wachzeit, Sie werden das schönste und glücklichste Lachen ernten.

◎ Übernehmen Sie auch regelmäßig eine Nachtschicht. Darüber freut sich nicht nur Ihr Kind!

Geschwister

Sie werden gewiss mit Ihren größeren Kindern schon vor der Geburt Ihres Babys darüber gesprochen haben, wie es sein könnte, wenn die Familie wächst. Es ist wichtig, dass die großen Kinder ungefähr wissen, was auf sie zukommt, und was sich mit Sicherheit verändern wird. Sie können sich dann schon damit auseinandersetzen, dass sie neue Schlafplätze oder eingeschränkte Spielareale bekommen. Wenn das Baby älter wird, muss man als große Schwester oder großer Bruder verständnisvoll sein, wenn das Kleine einen beim Spielen stört. Nachdem man so lang im Mittelpunkt war, müssen Mama und Papa nun geteilt werden.
Sie können Ihren Großen helfen, sich in der neuen Situation zurechtzufinden:

◉ Bringen Sie nach der Geburt neben dem Baby auch ein kleines Geschenk für Ihre Großen mit.

◉ Beziehen Sie große Geschwister in die Pflege der Kleinen mit ein.

◉ Nehmen Sie sich regelmäßig alleine Zeit für jedes Kind – auch wenn es nicht so leichtfällt. Jedes Kind wünscht sich, bei Mama oder Papa einmal die Nummer Eins zu sein.

◉ Zeigen Sie Ihren Großen etwa durch spätere Schlafenszeiten, dass sie schon eine Menge mehr dürfen und können als das kleine Geschwisterkind.

◉ Das Wichtigste ist aber, immer wieder auch den Großen durch häufigen Körperkontakt zu zeigen, wie lieb Sie sie haben.

So kann Partnerschaft gelingen

Pflegen Sie Ihre Beziehung ganz bewusst. Wenn Sie sich nicht ausschließlich als Eltern, sondern auch als Paar erleben dürfen, erhalten Sie das Fundament Ihrer Familie – die Liebe. Folgende Tipps können Ihnen helfen:

- Treffen Sie klare Absprachen untereinander, wer sich im Haushalt um was kümmert.

- In der gemeinsam mit dem Kind verbrachten Zeit ist es hilfreich zu vereinbaren, wer von Ihnen gerade die Hauptverantwortung für das Aufspringen und Hinterherrennen übernimmt.

- Reservieren Sie regelmäßige Erholungs- und Pflegezeiten für sich. Gestehen Sie Ihrem Partner das gleiche Recht zu! Wenn Sie sich Zeit für sich allein gönnen, haben Sie auch wieder die Kraft, offen auf den oder die Liebste zuzugehen.

- Versuchen Sie, regelmäßig ein paar Stunden nur zu zweit zu erleben. Vielleicht fällt es Ihnen schwer, Ihr Baby jemand anderem anzuvertrauen. Aber Sie können sicher sein, dass es davon profitieren wird, neben den Eltern noch eine dritte Bezugsperson zu haben.

- Falls Sie aber feststellen, dass sich die Fronten zwischen Ihnen zu sehr verhärtet haben und Lust und Liebe kaputtzugehen drohen, sollten Sie sich nicht scheuen, professionelle Hilfe in Anspruch zu nehmen. Das Jugendamt kann Ihnen die Adressen von Ehe- und Familienberatungsstellen nennen.

Partnerschaft pflegen

Erst einige Monate nach der Geburt Ihres Babys wird sich Ihr Familienleben langsam einspielen. Dann ist es wichtig, sich auch wieder sehr bewusst um Ihre Liebesbeziehung zu kümmern. Oft geht es Paaren nach einiger Zeit so, dass beide das traurige Gefühl haben, einander fremd geworden zu sein. Diese häufig durch Erschöpfung hervorgerufene Situation trifft viele Paare im ersten Lebensjahr des Kindes. Aus Statistiken geht hervor, dass 25 Prozent aller jungen Eltern diese Situation nicht bewältigen können und sich im ersten Lebensjahr des Kindes trennen. Es ist wahrlich nicht leicht, sich solche Probleme einzugestehen. Oft werden Gefühle wie Enttäuschung und Wut spürbar.

Wenn Sie selbst in diesem Teufelskreis stecken, machen Sie sich immer wieder klar, dass ein Großteil Ihrer negativen Gefühle auf das Konto von Erschöpfung und Überforderung gehen. Schlafmangel und wenig Erholungsmöglichkeiten tun ein Übriges, um beiden Partnern gehörig die Laune zu verhageln.

Dazu kommt, dass sehr viele Paare sich scheuen, über das, was sie fühlen, vermissen oder wünschen, offen zu reden. Wie sehr hofft man, dass der oder die andere die eigenen Wünsche erraten würde! Doch meistens hilft nichts anderes, als alle Hemmungen zu überwinden und durch ein Gespräch wieder eine Brücke zum anderen zu schlagen.

Machen Sie sich immer wieder klar, dass die momentane Phase der ständigen Überlastung ein vorübergehender Zustand sein wird. Vielleicht gelingt es Ihnen dann besser, sich gegenseitig Freiräume zur Erholung zu gewähren. Fürsorge für sich und den Partner ist jetzt besonders wichtig. Suchen Sie bewusst nach Anlässen, bei denen Sie beide miteinander lachen können. Vergessen Sie nicht, dass auch Ihr Nachwuchs ab und an Pause hat, damit Sie beide miteinander sprechen können.

Vielen Eltern fällt es anfangs schwer, die innerfamiliären Beziehungen richtig einzuordnen. Denken Sie bewusst daran, dass Ihr Lebensgefährte Ihr wichtigster Partner zur Bewältung von Leben und Alltag ist. Ihr Kind kann diese Rolle niemals einnehmen und soll es auch nicht. Erinnern Sie sich daran, dass Sie vor dem Baby neben Anspannung auch viel Freude mit Ihrem Partner geteilt haben, und versuchen Sie, dieses Gefühl wiederzubeleben. Seien Sie gemeinsam stolz auf Ihre kleine Familie.

Alleinerziehend

Manchmal lässt sich der Traum einer gemeinsamen, verantwortungsvollen Partner- und Elternschaft nicht verwirklichen. Wenn Sie Ihr Kind allein erziehen, sind Sie keine kleine Minderheit (mehr als 20 Prozent) in diesem Land, leider aber in einigen Situationen gegenüber Paaren gesellschaftlich benachteiligt. Oft gibt es Schwierigkeiten bei der Wohnungssuche. Auch das Suchen von Betreuungsplätzen ist schwierig, wenn Sie ganztags arbeiten wollen, und wenn es nur halbtags geht, sind finanzielle Sorgen vorprogrammiert. Dies sind belastende Situationen, in denen Sie die Hilfe von Profis annehmen sollten, die Ihnen Beistand leisten können. Antworten auf sehr viele Fragen kann der Verband für alleinerziehende Mütter und Väter geben (siehe Adressen im Anhang Seite 169). Es existieren sehr viele Ortsverbände, die Beratungen, Vorträge, Gesprächskreise und Spielenachmittage anbieten. Unterstützung in rechtlichen und finanziellen Fragen finden Sie beim Jugendamt.

Dazu kommen natürlich auch Zweifel, ob Sie wohl alles alleine schaffen können. Und die bange Frage, wie es gelingt, den Partner doch noch mit ins Boot zu holen und wenigstens für das oder die Kinder verfügbar zu halten. Selbst wenn dies gelingt, werden Sie viele Dinge alleine entscheiden und meistern müssen. Da kann es helfen, sich frühzeitig ein Netzwerk aus Verwandten, Freundinnen und Freunden aufzubauen, die wenn nötig zur Verfügung stehen.

Betreuung & Familie

Großeltern

Wenn ein Baby geboren wird, ändern sich die Konstellationen im ursprünglichen großen Familiengefüge. Ihre Eltern müssen nun erkennen, dass Sie als ihre Kinder wirklich erwachsen geworden sind und selber unabhängig Verantwortung als gleichberechtigte Eltern übernehmen. Gleichzeitig wird die Großelternrolle auch immer mit Altwerden verbunden und dies fällt oft schwer. Viele der frischgebackenen Großeltern möchten ihren Kindern aber gern mit ihrer Erfahrung zur Seite stehen und werden Ihnen mit den »besten Ratschlägen der Welt« Unterstützung anbieten.

Leider hören sich die Tipps der professionellen Helfer wie Hebammen und Kinderärzte aber oft ganz anders an. Und das kann Sie dann manchmal schon recht verwirren. Lassen Sie sich nicht in die zweite Reihe stellen, denn es gibt mehr als einen »richtigen« Weg, um mit einem Kind zu leben! Das einzige, was alle brauchen für ihre gesunde körperliche und seelische Entwicklung, sind Eltern, die es lieben. Ansonsten kann es recht viele unterschiedliche Bedürfnisse im Zusammenleben geben. Kindererziehung unterliegt in der Geschichte unterschiedlichen Moden. Bestes Beispiel dafür ist das Stillen! Die neu gebackenen Großmütter stillten (wenn überhaupt) entsprechend den Regeln der Fünfziger- bis Siebzigerjahre alle vier Stunden jede Brust für zehn bis 15 Minuten und wogen uns vor und nach jedem Anlegen. Was bei Ihrer Mutter gut funktioniert hat, als Sie klein waren, muss nicht zwangsläufig richtig sein. Fas-

Ein enger Kontakt zu den Großeltern ist für Ihr Kind eine wunderbare Bereicherung.

sen Sie alle Tipps nicht als Kritik auf, sondern als gut gemeinte Hilfsangebote, die Sie allerdings auch ablehnen dürfen.

Wenn Sie allerdings ein herzliches Verhältnis zu Ihren eigenen Eltern haben, gibt es für Ihr Kind nichts Schöneres als einen intensiven Kontakt zu Oma und Opa. Von einer dritten und vierten Bezugsperson kann Ihr Baby nur profitieren. Und auch Sie werden die Entlastung genießen und ein paar Stunden für sich gewinnen. Ein regelmäßiger Oma-Tag kann zum Beispiel schnell zur lieb gewonnenen Routine werden. Die Anregungen, die das Kind von den Großeltern erfährt, werden auch Ihren Alltag bereichern. Denn wer außer Opa hat schon die Geduld, mit dem Baby am Fenster zu stehen und eine Stunde lang den Bagger vorm Haus zu beobachten?

Wochenbettdepression

Die meisten Frauen erleben nach der Geburt ihres Babys eine emotional sehr intensive Zeit, in der sich Niedergeschlagenheit und Glück in schneller Folge abwechseln können. Diese Babybluestage sind vollkommen normal. Wenn Sie aber aus diesen Stimmungsschwankungen oder einem Stimmungstief nach zwei Wochen immer noch nicht herausfinden oder solche Stimmungen nach Wochen oder auch Monaten nach der Geburt Ihres Babys auftreten, kann eine depressive Störung vorliegen. Diese kann auch organische Ursachen wie Infektionen, Anämie oder Unter- beziehungsweise Überfunktion der Schilddrüse haben. Lassen Sie dies daher unbedingt ärztlich abklären!

Eine Wochenbettdepression wird als Erkrankung angesehen, wenn Sie in Ihrem Befinden so weit beeinträchtigt sind, dass Sie Ihren Alltag und die Erwartungen an Sie als Mutter nur noch mit Not erfüllen können.
Fragen Sie sich zunächst, ob Ihr emotionaler Zustand seine Ursachen in Müdigkeit, zu viel Alleinsein oder Hunger haben könnte. Wenn Sie diese Fragen mit »Ja« beantworten, ist es für Sie wichtig, dass Ihre Grundbedürfnisse befriedigt werden.
Sprechen Sie dann unbedingt mit Ihrem Partner über Ihre Situation. Vielleicht kann er das Kochen und Einkaufen übernehmen und Ihnen wenigstens am Wochenende einen Mittagsschlaf gewähren.

Wenn Sie auch mit Unterstützung im Haushalt und ausreichenden Erholungsmöglichkeiten Symptome wie
- Angst- und Schuldgefühle,
- innere Leere und Hoffnungslosigkeit,
- Traurigkeit,
- Schlafstörungen und Unruhe,
- verändertes Essverhalten,
- ambivalente Gefühle (zum Beispiel Wut)
  Ihrem Kind gegenüber empfinden, dann können dies Anzeichen einer depressiven Erkrankung sein.

Wenn Sie an einer Wochenbettdepression erkrankt sind, hilft es vielleicht zu wissen, dass es Auswege aus dieser Lebenskrise gibt. Die folgenden Hinweise sind wichtig:
- Nehmen Sie auf jeden Fall Hilfe und Unterstützung an.
- Bleiben Sie nicht für sich mit Ihrem Problem. Sprechen Sie so bald es geht mit einer vertrauten Betreuungsperson, der Hebamme, einem Arzt oder mit dem örtlichen Krisendienst, der auch anonym arbeiten kann.
- Suchen Sie auf jeden Fall medizinische Hilfe, weil bei schweren depressiven Erkrankungen Medikamente helfen können. Manchmal ist auch ein Klinikaufenthalt entlastend. In einigen Kliniken können Sie zusammen mit Ihrem Baby aufgenommen werden. Adressen finden Sie auf Seite 170.

Betreuung & Familie

127

Kinderbetreuung

Wenn Sie wieder zurück ins Berufsleben gehen wollen, steht die Frage im Raum, welche Art der Betreuung für Ihr Kind in Ihrer Situation die richtige ist.

Es ist wichtig, dass Sie sich ganz früh mit der Geburtsurkunde um einen Betreuungsplatz kümmern, da nicht für alle Kinder ein Platz zur Verfügung steht.

Krippe und Tageseinrichtung

In Krippen werden Babys ab der achten Lebenswoche aufgenommen. Die Höhe der Betreuungskosten ist an Ihr Einkommen gekoppelt. Positiv ist in der Regel die Zuverlässigkeit der Öffnungszeiten, negativ die häufig hohen Gruppengrößen.

In Tageseinrichtungen werden Kinder zu unterschiedlichen Bedingungen und Aufnahmealtersstufen angenommen. Manche dieser Einrichtungen nehmen Kinder ab sechs Monaten, andere ab zwölf Monaten auf. Während wieder andere altersgemischte Gruppen von zwei bis sechs Jahren betreuen. Die anfallenden Kosten sind von Ihrem Einkommen abhängig.

Tagespflegestelle

In einer solchen Einrichtung betreuen eine Tagesmutter oder Tageseltern bis zu drei Kinder gleichzeitig (neben den vielleicht vorhandenen eigenen Kindern) in ihrer Privatwohnung. Vorteilhaft kann dabei der familiäre Rahmen sein. Oft ist es auch möglich, auf etwaige Sonderwünsche betreffend Ernährung und Handling einzugehen. Nachteile entstehen, wenn die Tagesmutter oder deren Kinder krank sind, weil in der Regel keine Vertretungsmöglichkeit gegeben ist.

Die Kosten für solch einen Platz werden, wenn er über das Jugendamt vermittelt wurde und für Ihr Kind als erforderlich eingestuft wird, zum Teil vom Amt übernommen. Private Tagesmütter halten sich in der Regel an einheitliche Tarife. Auskünfte können neben dem Jugendamt auch örtliche Tageselternvereine geben.

Private Einrichtungen

Es gibt privat von Eltern gegründete Kinderbetreuungseinrichtungen, die aus öffentlicher Hand unterstützt werden. Informationen hierzu bekommen Sie über das Jugendamt. Häufig ist elterliches Engagement bei Gemeinschaftsaktionen erwünscht. Kinderbetreuung ohne staatliche Gelder ist mit hohen Kosten verbunden, lässt sich aber zumindest teilweise steuerlich absetzen. Momentan werden maximal 6000 € pro Kind und Jahr anerkannt. Davon akzeptiert das Finanzamt zwei Drittel, sodass bis zu 4000 € pro Kind in die jährliche Steuerrechnung eingehen können.

Checkliste Kinderkrippe

Bevor Sie Ihr Kind zur Betreuung geben, sollten Sie folgenden Qualitätscheck durchführen:

- Wie groß ist die Gruppe? Bei unter eineinhalbjährigen Kindern sollte mindestens eine Betreuungsperson für vier Kinder vorhanden sein.

- Kann Ihr Kind sich genügend bewegen, spielen und toben? Ist eine Möglichkeit zum Kuscheln und Ausruhen vorhanden?

- Wie gehen die Erzieherinnen oder die Tagesmutter auf Sie und Ihr Kind zu? Interesse an Ihren Fragen, Sorgen, Bedürfnissen und Wünschen sollte vorhanden sein!

- Ist eine individuelle Eingewöhnungszeit möglich? Darf sie langsam und behutsam stattfinden?

- Wie werden die Tage in der Einrichtung gestaltet, dürfen Eltern und Kinder sich mit einbringen?

- Wie werden die Kinder ernährt? Gibt es Richtlinien für Pausenbrote und Getränke? Wird auf Zahnhygiene geachtet?

- Das allerwichtigste Kriterium ist aber, dass Sie sicher sein können, dass Ihr Kind von einer warmherzigen, liebevollen Erzieherin oder Tagesmutter immer getröstet werden kann, wenn es dies braucht.

Betreuung durch Familienmitglieder

In einigen Familien besteht die Möglichkeit der Betreuung Ihres Babys durch Familienangehörige. Diese auf den ersten Blick oft verlockende Variante sollte für beide Seiten verbindlich abgesprochen werden. Denn auch Großeltern oder Tante und Onkel können unternehmungslustig sein und am Nachmittag eine Verabredung haben.

Wenn sich Ihre Eltern um Ihr Baby kümmern möchten, prüfen Sie erst einmal, ob Ihr Verhältnis zueinander unbelastet ist. Vielleicht unterscheiden sich Ihre Vorstellungen, wie man mit einem Kind umgehen sollte, sehr. Wenn das der Fall ist, werden Sie einige Zeit und Geduld brauchen, Ihren Eltern zu erklären, warum Sie es ganz anders halten wollen.

Aber auch wenn Sie Ihre Eltern nicht immer von Ihrem Erziehungsstil überzeugen können, werden diese einsehen müssen, dass sie nicht gegeneinander erziehen können. Und im Fall Ihres Kindes müssen nun einmal Sie die wichtigsten Regeln der Erziehung festlegen! Umerziehen können Sie Ihre Eltern oder Schwiegereltern mit Sicherheit nicht. Aber die Erfahrung zeigt, dass sie dazulernen können.

Wer sein Kind den Großeltern oder Geschwistern anvertraut, sollte ihnen auch einen eigenen Spielraum im Umgang mit ihm zugestehen. Schließlich haben auch sie Erziehungserfahrungen. Machen Sie sich nicht zu viele Sorgen, Sie werden als Eltern für Ihr Kind immer die Hauptpersonen sein.

Urlaub mit Baby

Welcher Urlaub für Sie und Ihr Kind der richtige ist, hängt von vielen Faktoren ab. Je unkomplizierter die Anreise, desto schneller wird für alle Erholung möglich sein. So sind Flugreisen für Babys unter sechs Monaten nicht empfehlenswert, da sie noch Schwierigkeiten mit dem Druckausgleich im Ohr haben können. Bei gesunden Kindern ab sechs Monaten erleichtern Sie bei Start und Landung den starken Ohrendruck dadurch, dass Sie entweder stillen, eine Flasche oder einen Schnuller geben. Bei Schnupfennasen 30 Minuten vorm Abflug abschwellende Nasentropfen verabreichen.

Bei Bahnreisen können Sie entspannter als im Auto reisen, da mehr Bewegungsfreiheit zum Spielen und Krabbeln für die Kinder besteht. Es gibt in vielen Zügen, zum Beispiel ICEs, spezielle Familienabteile, Kleinkinderabteile mit Wickeltischen, Stellflächen für Kinderwagen und Steckdosen für Flaschenwärmer. Buchen Sie solche Abteile recht frühzeitig, besonders zu Ferienzeiten. Das Gepäck kann schon am Tag vorher abgeholt und zum Reiseziel gebracht werden (kostet eine geringe Gebühr bei der Bahn).

Es gibt Urlausziele, die für Familien mit kleinen Kindern in den ersten fünf Jahren vom Berufsverband der Kinder- und Jugendärzte als nicht geeignet eingestuft werden (siehe Adressen im Anhang Seite 170). Dazu gehören alle extrem heißen und extrem kalten Klimazonen und das Hochgebirge. Aus medizinischer Sicht wenig geeignet sind alle potenziellen Malariagebiete und die Tropen; für solche Reiseziele müssen Kinder meist komplett gegen alle Kinderkrankheiten geimpft sein. Trockene Hitze, wie auf den Kanaren und Balearen, vertragen Kinder deutlich besser als feuchte Hitze. Kompletter Sonnenschutz (siehe Seite 61) ist natürlich die Voraussetzung. Falls Sie nicht mehr ausschließlich stillen, müssen die hygienischen Gegebenheiten für die Zubereitung von Babybreien akzeptabel sein. Ihr Baby sollte nicht unbedingt am Urlaubsort ständig neues Essen kennen lernen. Nehmen Sie notfalls Gläschen mit. Ein ruhiger Platz für eine Mittagssiesta zwischen 12 und 15 Uhr sollte vorhanden sein.

Je nach Urlaubsziel brauchen Sie auch für Ihr Baby gültige Reisedokumente. Dazu können Ausweis oder Kinderreisepass mit oder ohne Visum und ein Impfpass gehören. Bei einigen Impfungen sind mehrere Immunisierungen mit Abständen dazwischen notwendig. Bei anderen Impfungen setzt der Schutz nicht sofort ein. Für die Ausstellung beantragter Reisedokumente müssen Sie sechs bis acht Wochen einplanen. Informieren Sie sich schon recht frühzeitig vor Ihrer Reise über vorgeschriebene Impfungen zur Einreise.

Babygepäck

Für die Reise

- Bei Autoreisen ein Sonnensegel für die Autoscheibe neben der Babyschale oder dem Kindersitz,
- bei einer Flugreise, falls Sie nicht mehr stillen, eine Nuckelflasche (im Flieger füllen lassen; achten Sie bei Brei, Milch und Wasser auf die Mitnahmebeschränkungen der Fluglinien und der angeflogenen Flughäfen für Flüssigkeiten im Handgepäck) oder einen Schnuller für Start und Landung,
- Wickeltasche mit Unterlage, Windeln und Kleidung zum Wechseln,
- feuchte Einmalwaschlappen in Plastiktüte und Taschentücher,
- falls Ihr Baby nicht mehr gestillt wird, Wasser oder ungesüßter Tee in Nuckelflasche und Nahrung in Form von Obst, Keksen oder Obst- und Gemüsegläschen,
- Kuscheltuch, Schmusetier und Lieblingsspielzeug.

Wenn Sie angekommen sind

- Kleidung für alle Temperaturen (heiß und kalt), Unterwäsche und Schlafsack, ein bis zwei Halstücher, Regenschutz, Sonnenhut mit Nackenschutz und Badekleidung,
- vertraute Lebensmittel, falls Sie nicht mehr ausschließlich stillen,
- Hygieneartikel wie Zahnbürste, Nagelschere, Waschlappen,
- Tragehilfe und/oder Kinderwagen,
- Rucksack für das Babyzubehör,
- eventuell Babyphon und Babyreisebett plus Zubehör,
- zwei bis drei Schnuller, falls eingeführt,
- Mückenschutz und eventuell Moskitonetz,
- Lieblingsspielzeug.

Für den Badeurlaub brauchen Sie zusätzlich:

- Sonnenschutzprodukte (hoher Lichtschutzfaktor), Sonnenschirm oder Sonnensegel,
- Badewindeln, langärmeliges Badehemd, Schwimmflügel, Strandspielzeug zum Buddeln.

Die Reiseapotheke:

- alle Medikamenten, die Ihr Baby bekommt (etwa Vitamin D),
- Fieberthermometer und fiebersenkende Medikamente,
- Anti-Allergika, zum Beispiel kühlendes Gel gegen Insektenstich-Reaktion oder Sonnenbrand,
- Nasentropfen oder Nasenspray,
- Durchfallmittel und Elektrolytlösung,
- Desinfektionslösung und eine Wund- und Heilsalbe,
- Material zur Wundversorgung: Pflaster, Kompressen, Mullbinden,
- gut schneidende kleine Schere, Pinzette zur Splitterentfernung, Zeckenzange (Achtung, sind im Handgepäck im Flugzeug nicht erlaubt),
- Warm- und Kaltkompressen für kleinere Blessuren.

Betreuung & Familie

131

ERSTE HILFE & KRANKHEITEN

Unfallverhütung und Erste Hilfe

Ihr Baby wird in seinem ersten Lebensjahr noch kein Bewusstsein für Risiken und Gefahren entwickeln können. Eine recht alarmierende Statistik aus dem Jahr 2003 zeigte, dass Kinder wesentlich häufiger von Unfällen betroffen sind als Erwachsene.

Kinder sind kleine Entdecker und finden oft genau das besonders spannend, was Gefahren in sich birgt. Kinder lernen erst mit vier Jahren, welche Situationen unsicher sein können. Daher ist es eine Ihrer wichtigsten Aufgaben, Unfälle für Ihr Baby zu verhindern.

Es kann so schnell passieren, dass Ihr Kind etwas verschluckt, auf die heiße Herdplatte fasst oder aus dem Hochstuhl stürzt. Sofortige Hilfe ist dann wichtig!

Bei schweren Fällen werden Sie immer einen Rettungsdienst rufen müssen. Aber auch Sie als Eltern können schon vorher hilfreich unterstützen.

Einige einfache »Handgriffe« sollten Sie unbedingt kennen. Ebenso wichtig ist es, bestimmte Medikamente immer zur Verfügung zu haben (siehe Seite 135). Ein Erste-Hilfe-Kurs für Eltern ist dringend zu empfehlen. Genau so wichtig es es aber, mögliche Gefahrenquellen frühzeitig auszuschalten (siehe Seite 139).

Erste-Hilfe-ABC für Eltern

Gerade bei sehr kleinen Kindern geraten Eltern schnell in Panik, wenn sich ein Unfall ereignet.

- Die wichtigste Regel für den Notfall lautet daher: Ruhe bewahren!

- Atmen Sie tief durch und führen Sie zügig alle notwendigen Handgriffe aus, um Blutungen zu stoppen, Schwellungen zu lindern und Atemnot zu beheben.

- Lassen Sie Ihr Kind unter keinen Umständen allein, wenn sein Zustand nicht stabil ist.

- Rufen Sie umgehend den Notarzt, wenn eine lebensgefährliche Situation eingetreten ist.

- Sehen Sie sich dazu nicht in der Lage, rufen Sie laut um Hilfe. Ein Nachbar oder ein Passant wird sicher einspringen.

- Stellen Sie die Versorgung von Geschwisterkindern sicher, die vielleicht gerade in Kindergarten oder Schule sind, wenn sich der Unfall ereignet.

- Besuchen Sie einen Erste-Hilfe-Kurs für Kinder, die regelmäßig von Krankenkassen, Kinderärzten und Verbänden angeboten werden (siehe Adressen im Anhang Seite 170).

Die Hausapotheke

Eine gut verschließbare Hausapotheke ist für eine erste Versorgung nach kleinen Unfällen oder bei ersten Krankheitszeichen sinnvoll. Bewahren Sie die Apotheke an einem zentralen, für Kinder aber unerreichbaren Ort in Ihrer Wohnung auf. Zeigen Sie auch Ihrem Partner, wo er sie finden kann. So kann auch er Ihr Kind versorgen, falls Sie einmal nicht zu Hause sind. Denken Sie daran, Ihre Hausapotheke regelmäßig zu pflegen und gegebenenfalls Dinge zu ersetzen oder neu anzuschaffen.

Folgende Gegenstände und Arzneien gehören in eine gut ausgestattete Hausapotheke:

Verbandsmaterial und Hilfsmittel

- Digitales Fieberthermometer,
- Desinfektionsmittel,
- Verbandswatte, Mullbinden, elastische Binden und Pflaster in verschiedenen Größen,
- keimfreie Wundschnellverbände in verschiedenen Größen,
- Brandwundauflage,
- Dreieckstuch,
- Sicherheitsnadeln,
- Verbandsschere,
- Pinzette,
- Einmalhandschuhe,
- Leinentuch für Umschläge,
- Wärmflasche,
- Kühlpack,
- Taschenlampe (zur Pupillenkontrolle nach Kopfverletzungen),
- Zeckenzange.

Medikamente

- 0,9 Prozentige NaCl Lösung,
- Wund- und Heilsalbe,
- für Babys geeignete Zäpfchen oder Saft gegen Schmerzen,
- für Babys geeignete Zäpfchen oder Saft gegen Fieber,
- für Babys geeignete abschwellende Nasentropfen,
- Zinkoxydsalbe gegen Hautausschlag und wunden Popo,
- Hustensaft auf pflanzlicher Basis,
- antiallergische Tropfen oder Saft (lassen Sie sich von Ihrem Kinderarzt beraten),
- Antihistamingel gegen Sonnenbrand und Insektenstiche (lassen Sie sich von Ihrem Kinderarzt beraten),
- Elektrolyte.

Heilkräuter

- Anissamen als Tee gegen Blähungen,
- Eibischwurzel bei trockenem Husten,
- Fenchel als Tee gegen Blähungen,
- Holunderblüten als Tee bei fieberhaften Erkältungen,
- Isländisch Moos bei trockenem Husten,
- Kümmel als Tee gegen Blähungen,
- Thymiankraut als Tee gegen Husten.

Erste Hilfe & Krankheiten

135

Erste-Hilfe-Maßnahmen

◉ **Ausrenkung des Unterarms** Häufige Verletzung bei Kleinkindern, die gerade mit dem Laufen beginnen. Der Unterarm wird im Ellbogengelenk durch einen ruckartigen Zug, etwa wenn Ihr Kind sich plötzlich fallen lässt, ausgerenkt. Es kann den Arm nicht mehr bewegen und hat große Schmerzen. Hier können Sie keine Erste Hilfe leisten. Fahren Sie mit Ihrem Kind ins nächste Krankenhaus und lassen Sie den Arm wieder einrenken.

◉ **Ausschlag (meist Quaddeln)**, nachdem Ihr Kind mit einem Allergen in Kontakt gekommen ist. Meist in Verbindung mit erschwerter Atmung, Blässe und Unruhe. Legen Sie Ihr Kind hin und lagern Sie seine Beine hoch. Verabreichen Sie ihm antiallergische Tropfen aus Ihrer Hausapotheke (siehe Seite 135). Wenn Atemnot eintritt, müssen Sie sofort den Notarzt verständigen.

◉ **Atemnot durch Verschlucken** Wenn Ihr Kind plötzlich ohne offensichtlichen Grund nach Luft ringt oder unvermittelt stark hustet, hat es eventuell einen kleinen Gegenstand verschluckt oder ein Fitzelchen Papier hat sich vor seine Luftröhre gelegt. Das Gesicht läuft blau an, wenn sich der Gegenstand im Kehlkopfbereich festgesetzt hat. Erleidet Ihr Kind einen Erstickungsanfall, weil es einen Gegenstand verschluckt hat, darf man es nicht beatmen, solange sich der Fremdkörper noch in den Atemwegen befindet. In diesen Fällen müssen Sie unbedingt die Atemwege freimachen. Legen Sie dazu Ihr Kind mit dem Bauch über Ihren Oberschenkel (Kopf und Arme sollen herunterhängen). Halten Sie Ihr Kind mit der einen Hand im Bereich der Schultern und klopfen Sie ihm mit der anderen Hand maßvoll zwischen die Schulterblätter (bis zu fünfmal). Reicht das nicht aus, sollten Sie bis zu fünfmal von hinten den Brustkorb am unteren Brustbein zusammenpressen. Bleiben diese Hilfen erfolglos, sollten die Schritte wiederholt werden, während auf den Notarzt gewartet wird. Besteht keine akute Luftnot, sollten Sie mit Ihrem Kind sofort in die Kinderklinik (möglichst sitzend).

◉ **Fremdkörper im Auge** Wenn Ihrem Kind ein Fremdkörper oder ein kleines Insekt ins Auge geraten ist, können Sie ein Papiertaschentuch mit Kochsalzlösung (0,9-prozentige NaCl-Lösung, siehe Hausapotheke Seite 135) tränken und den Fremdkörper in Richtung Nasenwurzel aus dem Auge wischen.

◉ **Fremdkörper in Nase, Ohren, After oder Scheide** Wenn Ihr Kind es tatsächlich geschafft hat, sich einen kleinen Gegenstand so weit in eine Körperöffnung zu stecken, dass er von alleine nicht mehr herauskommt, versuchen Sie bitte nicht, ihn selbst herauszuholen. Hier besteht wirklich akute Verletzungsgefahr für Ihr Kind! Fahren Sie zu Ihrem Kinderarzt oder in das nächste Krankenhaus und lassen Sie den Gegenstand von einem Arzt entfernen.

◉ **Insektenstiche** Bei allen Insektenstichen, wie Mücken-, Wespen- und Bienenstichen, hilft das Auftragen einer speziellen kühlenden Insektenstich-Salbe oder das Einreiben der Stichstelle mit einer rohen Zwiebel. Vorbeugend sollten Sie Moskitonetze an Bettchen und Kinderwagen anbringen. Bei einem Bienenstich muss vor dem Auftragen des Gels mit einer Pinzette der Stachel entfernt werden. Bei leichter Atemnot durch eine allergische Reaktion lassen Sie Ihr Kind einen Eiswürfel lutschen und legen ihm kalte Tücher um den Hals. Falls vorhanden, verabreichen Sie ein Cortisonzäpfchen. Gefährlich wird's, wenn Ihr Kind allergisch auf Insektengift reagiert – es kann zu Atemnot, einem allergischen Schock bis hin zu Bewusstlosigkeit, Kreislauf- und Atemstillstand führen. Bei einem allergischen Schock sollte sofort ein Notarzt gerufen werden.

◉ **Platzwunden** Leider sind auch Babys vor diesen Verletzungen nicht gefeit. Gerade wenn sie beginnen, aufzustehen und erste Gehversuche unternehmen, sind Kopf und Stirn gefährdete Regionen. Wenn eine Wunde stark blutet, können Sie die Blutung mit einem Druckverband stoppen. Säubern Sie die Wunde mit Desinfektionsmittel aus der Hausapotheke (siehe Seite 135) und decken Sie sie mit einem Pflaster oder Verband ab. Wichtig: Überprüfen Sie den Tetanus-Schutz Ihres Kindes! Ist die Platzwunde länger als ein Zentimeter und tiefer als 0,5 Zentimeter muss sie auf jeden Fall ärztlich versorgt werden.

◉ **Stürze** Wenn Ihr Baby vom Wickeltisch fällt, aus dem Hochstuhl stürzt, aus dem Kinderwagen purzelt oder die Treppe runterfällt, müssen Sie zunächst ausschließen, dass es eine Gehirnerschütterung davongetragen hat. Ist es benommen? War es für kurze Zeit bewusstlos? Muss es erbrechen? In diesem Fall müssen Sie umgehend einen Arzt informieren, der die weitere Behandlung veranlasst und eine Gehirnerschütterung ausschließt. Hat Ihr Baby bei einem leichteren Sturz lediglich eine große Beule davongetragen, reicht es meist, wenn Sie es eine Weile auf dem Schoß halten und warten, bis es von alleine wieder auf Entdeckungstour gehen will.

◉ **Verbrennungen und Verbrühungen** Bei einer Verbrennung oder Verbrühung sollten Sie die betroffene Stelle sofort kühlen – am besten, indem Sie mindestens zehn Minuten lang kaltes Wasser darüberlaufen lassen. Das Wasser sollte nicht viel kälter als 20 °C sein. Stoff, der mit der Brandwunde verklebt ist, löst sich so gut ab. Ist das nicht möglich, kalte, feuchte, nicht fusselnde Tücher auflegen und häufig wechseln. Später können bei kleineren Verbrennungen Gels die Wundheilung unterstützen. Bei etwas größeren Wunden decken Sie diese anschließend mit einer Brandwundauflage aus der Hausapotheke (siehe Seite 135) ab. Bei Säuglingen und Kleinkindern ist grundsätzlich eine Vorstellung beim Kinderarzt nötig, wenn die Wunde einen Durchmesser von mehr als fünf Zentimetern hat.

Erste Hilfe & Krankheiten

137

◎ **Vergiftungen** sind typische Notfälle im Kleinkindalter. Es gibt eine Vielzahl von Stoffen, die bei Ihrem Kind Vergiftungserscheinungen auslösen können. Solche Stoffe sind in allen Haushalten vorhanden und nicht immer sicher verwahrt. Anzeichen können sein:

– Übelkeit, Erbrechen, Durchfall, Bauchschmerzen,
– Kopfschmerzen, Schwindel,
– Blässe, gerötete Haut,
– Beschleunigung oder Verlangsamung des Pulses,
– Erregungszustände, Halluzinationen, Verwirrung,
– Bewusstseinstrübung bis Bewusstlosigkeit,
– Schock,
– Atemnot bis Atemstillstand oder Herz-Kreislaufstillstand.

Mit folgenden Sofortmaßnahmen können Sie die Zeit bis zum Eintreffen des Notarztes überbrücken:

– Versuchen Sie, Ruhe zu bewahren, und handeln Sie überlegt, nicht übereilt!
– Rufen Sie zuerst den Notarzt und holen Sie dann Rat bei einer Giftnotrufzentrale ein. Fragen, die die Ärzte der Notrufzentrale stellen, finden Sie auf Seite 180.
– Hilfe beim Erbrechen heißt, dass Sie Ihrem Kind dabei helfen, dass es Erbrochenes nicht einatmet. Es bedeutet auf keinen Fall, dass Sie selbst versuchen, Erbrechen herbeizuführen. Der Zustand Ihres Kindes könnte sich dadurch lebensbedrohlich verschlechtern!

– Hilfe bei Ihrem liegenden Kind heißt, dass Sie den Kopf zur Seite wenden und mit der freien Hand eine Schale unter den Mund halten.
– Hilfe bei Ihrem sitzenden Kind heißt, dass Sie den Kopf nach vorne beugen und dabei die Stirn mit einer Hand halten, mit der freien Hand eine Schale dicht unter den Mund halten.
– Kontrollieren Sie immer wieder, ob Ihr Kind bei Bewusstsein ist, ob die Atmung weiterhin stattfindet und ob ein Puls fühlbar ist.
– Bei Bewusstlosigkeit hilft die stabile Seitenlage. Wenn Sie feststellen, dass Ihr Kind nicht atmet, müssen Sie es beatmen. Bei einem Herzkreislaufstillstand hilft eine Herzdruckmassage.

◎ **Zeckenbiss** Wenn Sie eine Zecke an Ihrem Baby entdecken (typische Stellen: hinter den Ohren, am behaarten Kopf, in tiefen Hautfalten), besteht dringender Handlungsbedarf! Versuchen Sie, die Zecke im Kopfbereich so nah wie möglich an der Haut zu fassen und mit einer speziellen Pinzette (aus der Apotheke) senkrecht mit gleichmäßigem Zug unter leichten Drehbewegungen vorsichtig herauszuziehen. Behandeln Sie die Zecke auf keinen Fall mit Öl, Klebstoff oder Nagellack. Desinfizieren Sie, die Stelle, an der Sie die Zecke entfernt haben, gründlich und beobachten Sie sie noch ein einige Tage lang. Wenn eine Rötung entsteht, die größer als ein 2-Euro-Stück ist, müssen Sie mit Ihrem Baby zum Arzt. Er kann eine weitere Erkrankung ausschließen.

Unfallursachen ausschließen

Sie können selbst viel dafür tun, dass Ihr Kind möglichst unverletzt durch seine Baby- und Kleinkindzeit kommt. Machen Sie dazu Ihre Wohnung kindersicher und schließen Sie so die häufigsten Unfallursachen aus:

(1) Lassen Sie Ihr Baby nie allein auf dem Wickelplatz, allein in der Badewanne und auch nicht für wenige Minuten allein in der Wohnung, selbst wenn es noch so tief eingeschlafen ist.

(2) Schauen Sie sich in Ihrer Wohnung, in Haus und Garten nach möglichen Unfallquellen um (spitze Gegenstände, scharfe Kanten, herunterhängende Tischdecken, Regentonnen, Gartenteiche, ungesicherte Treppenauf- und abgänge, wackelige Badeaufsätze, ungesicherte Steckdosen) und sichern oder beseitigen Sie diese.

(3) Lassen Sie Ihr kleines Kind nie mit Haustieren allein im Zimmer. Katzen fahren ihre Krallen aus, wenn sie sich zu sehr bedrängt fühlen. Und auch der bravste Hund schnappt zu, wenn er an einer empfindlichen Stelle gereizt wird.

(4) Schützen Sie Ihr Kind in den Sommermonaten vor Insektenstichen. Bringen Sie an Bettchen und Kinderwagen ein Moskitonetz an und lassen Sie Ihr Kind nie unbeaufsichtigt rohes Obst, süßes Brot oder Fruchtsäfte aus der Trinklerntasse trinken. Wespen werden davon magisch angezogen!

(5) Stürze vom Wickeltisch oder aus der Babyschale können durch Sicherungsmaßnahmen wie erhöhte Seitenstreben oder Anschnallgurte verhindert werden.

(6) Achten Sie darauf, dass Ihr Kind keine schweren Gegenstände aus Schränken, Regalen oder vom Tisch herunterziehen kann, die ihm auf Kopf oder Füße fallen könnten. Gefährlich sind auch Vasen, Blumentöpfe, Küchengeräte, Stehlampen, Radio und Bügeleisen, wenn die Stecker lose herunterhängen.

(7) Lassen Sie keine kleinen Gegenstände wie Münzen, Murmeln, Knöpfe oder Reißnägel herumliegen. Ihr Baby könnte sie verschlucken!

(8) Bringen Sie Wasch- und Reinigungsmittel, ätherische Öle, Lackreste und Pinselreiniger, überhaupt alle chemischen Mittel, Zigaretten, Alkohol, Medikamente und Giftpflanzen nur an gesicherten Orten unter, damit Ihr Baby keine Vergiftungen oder Verätzungen erleidet.

(9) In Deutschland kommen seit Jahren jedes Jahr fast 100 Kinder in lebensbedrohliche Zustände, weil sie einen kleinen Schluck Lampenöl oder Grillanzünder nehmen. Verhindern Sie diese Gefahr für Ihr Baby!

(10) Sobald Ihr Baby sich an allem hochzieht und Erklimmen von Stühlen und Ähnlichem spannend findet, ist auch ein Herd mit kochenden Töpfen oder brutzelnden Pfannen eine Quelle für Verbrennungen oder Verbrühungen. Auch Wasserkocher, Rasierer und Fön sollten außer Reichweite liegen.

Erste Hilfe &
Krankheiten

Typische Kinderkrankheiten

 WICHTIG

Bei diesen Symptomen müssen Sie sofort zum Arzt:

- Wenn Ihr Baby Ihnen sehr blass oder bläulich um den Mund und im Gesicht erscheint.
- Wenn sein Körper entweder sehr schlaff oder aber extrem gespannt ist.
- Wenn die große Fontanelle sich hochwölbt und gespannt oder aber eingefallen aussieht.
- Wenn Sie bei Ihrem Kind eine Untertemperatur unter 36 °C feststellen, die sich auch nach Warmhalten nicht bessert
- Bei Fieber über 38 °C bei Neugeborenen; bei anhaltendem Fieber, das auch mit Medikamenten nicht gesenkt werden kann; bei jedem Fieber über 40 °C.

- Wenn Sie an Ihrem Kind plötzlich eintretende, stecknadelkopfgroße, rote Einblutungen am Körper, vor allen Dingen am Oberkörper Ihres Babys feststellen.
- Wenn Ihr Baby krampft.
- Wenn Sie um den Nabel herum eine Rötung und Schwellung entdecken.
- Wenn Ihr Baby schwallartig mehrere Mahlzeiten erbricht, die Brust oder künstliche Milch länger als sechs bis acht Stunden verweigert oder Sie übelriechenden schleimigen Durchfall feststellen.
- Bei Schreien in höchsten Tönen über eine ungewöhnlich lange Zeit.
- Bei Blut im Stuhlgang.

Die so genannten typischen Kinderkrankheiten treten glücklicherweise nicht alle im ersten Lebensjahr auf und bei einigen kann der Ausbruch durch ausreichenden Impfschutz (siehe Seite 116) sogar ganz verhindert werden. Lassen Sie sich zu allen Fragen von Ihrem Kinderarzt beraten. Wenn bei einem Baby im ersten Lebensjahr Symptome der typischen Kinderkrankheiten und Krankheiten, für die ein Impfschutz existiert, auftreten sollten, sollten Sie auf dem schnellsten Weg kinderärztlichen Rat einholen!

Nestschutz

Der »Nestschutz« wird durch mütterliche Antikörper an die Babys weitergegeben, allerdings nur für die Infektionskrankheiten, die die Mutter selbst durchgemacht hat, oder gegen die sie geimpft wurde. Auch wenn Babys mit einem »Nestschutz« zur Welt kommen, wird dieser langsam nach vier bis sieben Monaten abgebaut. Die lange geltende Vermutung, dass durchgemachte Infekte und Kinderkrankheiten das Krebsrisiko in späteren Lebensjahren senken würden, ist widerlegt

worden. Die Diskussion um den Umgang mit Kinderkrankheiten wird Sie in den ersten Lebensjahren begleiten und wahrscheinlich oft genug verunsichern. Wenn Sie zu all den alten und neuen Erkenntnissen Fragen haben, ist Ihr Kinderarzt der richtige Ansprechpartner. Er wird Sie beraten und mit Ihnen gemeinsam an dem für Sie richtigen Weg arbeiten. Bedenken Sie dabei, wie viel zusätzliche Arbeit die Pflege eines kranken Kindes bedeutet. Beziehen Sie diese Überlegung auch in Ihre Entscheidung zum Thema Impfen ein (siehe Seite 116).

Hauptsymptome

Erkrankung	Ablauf und Krankheitsbild	Ausschläge	Ansteckend ab	Ansteckend bis	Inkubationszeit	Nestschutz	Impfung möglich
Dreitagefieber (Virusinfektion)	über 3–4 Tage hohes Fieber bis zu 41 °C, dann Fieberabfall und Ausschlag; bei Babys oft eine gespannte Fontanelle	kleinfleckig, rot, hauptsächlich an Brust, Bauch, Rücken; Dauer 2 Tage	3–4 Tage vor Fieberbeginn	Ausschlag auftritt	7 bis zu 17 Tage	nein	nein
Windpocken (Virusinfektion)	Fieber, Müdigkeit und Unwohlsein, kleine, rote, juckende Flecken, danach Ausschlag	1 Tag nach roten Flecken entstehen Knötchen mit wässrigen, später trüben und danach verschorfenden Bläschen; über 8 Tage neue Bläschen	1–2 Tage vor Auftreten der ersten Pocken	letzte Blase eingetrocknet ist, Schorf ist nicht mehr ansteckend	11–21 Tage	ja	ja

Erste Hilfe & Krankheiten

Hauptsymptome

Erkrankung	Ablauf und Krankheitsbild	Ausschläge	Ansteckend ab	Ansteckend bis	Inkubationszeit	Nestschutz	Impfung möglich
Ringelröteln (Virusinfektion)	Beginn meistens mit typischem Hautausschlag	zuerst Wangenrötung, dann girlandenförmig an Streckseiten von Armen und Beinen, bis 2 Wochen Dauer	nach Beginn der Inkubationszeit	Ausschlag auftritt	6–18 Tage	ja	nein
Röteln (Virusinfektion)	geringe erkältungsähnliche Symptome mit leichtem Fieber, Lymphknotenschwellung hinter den Ohren und im Nacken. Auftreten des Ausschlags bis nach zu 1 Woche	fein- bis mittelfleckig, Beginn hinter den Ohren; bis 1 Woche Dauer	1 Tag vor dem Auftreten des Ausschlags	nach Höhepunkt des Ausschlags noch für 7 Tage	2–3 Wochen	ja	ja
Keuchhusten (bakterielle Infektion)	Beschwerden wie bei Erkältung über 1–2 Wochen, danach Beginn der nächtlichen Hustenanfälle mit abgehacktem, keuchenden Husten bis zum Erbrechen	keine	Beginn des Hustens	5 Wochen nach Beginn der Krankheit; 4 Tage nach Beginn der Antibiotikagabe	1–3 Wochen	nein	ja
Kinderlähmung (Virusinfektion)	Anfangs grippeähnliche Beschwerden, danach asymmetrische Lähmungen, schlaffe Muskulatur.	keine	Ausbruch der Erkrankung	die Viren nicht mehr im Stuhl ausgeschieden werden.	1–4 Wochen	nein	ja

Hauptsymptome

Erkrankung	Ablauf und Krankheitsbild	Ausschläge	Ansteckend ab	Ansteckend bis	Inkuba-tionszeit	Nest-schutz	Impfung möglich
Masern (Virusinfektion)	Verlauf mit zwei Gipfeln, 3 Tage mit Fieber, Erkältungszeichen, Lichtempfindlichkeit und nach 1–2 »gesünderen« Tagen erneutes Fieber und Ausschlag	großfleckig, teilweise ineinander übergehend, ca. 1 Woche Dauer	5 Tage vor dem Ausschlag	zum Verschwinden des Ausschlags	8–12 Tage	ja	ja
Mumps (Virusinfektion)	leichtes Fieber, erst einseitige Schwellung, nach einigen Tagen beidseitige Schwellung der Ohrspeicheldrüsen	keine	7 Tage vor Beginn der Schwellung	nach Beginn der Schwellung noch für 14 Tage	14–24 Tage	ja	ja
Scharlach (bakterielle Infektion)	Kopf- und Halsschmerzen, eitrige Mandelentzündung, Fieber (um 40 °C), ab dem 2.–3. Tag »sandpapierartiger« Ausschlag; kann man mehrmals bekommen!	Feinfleckiger Ausschlag, Beginn in der Leistenregion, Gesicht gerötet und um den Mund herum blass (»Milchbart«)	1 Tag vor dem Krankheitsbeginn	4 Wochen nach Beginn der Krankheit oder 48 Stunden nach erster Gabe von Antibiotika	2–7 Tage	nein	nein

Krankheiten A–Z

Appetitlosigkeit

In den ersten Lebenswochen wird ein gesundes, gestilltes Baby seinen eigenen Rhythmus für Trinkmenge und auch Anzahl der Mahlzeiten entwickeln. Solange Ihr Baby zunimmt (siehe Gewichtszunahme Seite 111) und zufrieden wirkt, wissen Sie, dass alles in Ordnung ist. Dabei wird es zwischendurch wiederholte Male sein Trinkverhalten ändern und einige Tage lang häufiger als gewohnt nach der Brust verlangen. Es kommt aber auch vor, dass es weniger Appetit zeigt als gewohnt. Wenn Ihr Baby dabei fröhlich und lebhaft bleibt, ist alles in Ordnung. Falls Ihr Baby aber sehr lange Pausen zwischen den Mahlzeiten macht, schlapp und blass aussieht und vielleicht auch noch Fieber entwickelt, müssen Sie rasch Ihren Kinderarzt aufsuchen, damit die Ursache abgeklärt werden kann.

Bei Babys, die mit Kunstmilch ernährt werden, liegt die Ursache für Appetitlosigkeit manchmal darin, dass die Flasche falsch zubereitet wurde. Überprüfen Sie daher die Temperatur der Kunstmilch, die Mischungsverhältnisse und den Flaschennuckel. Prüfen Sie auch, ob eine ruhigere Umgebung beim Füttern hilft. Wenn Ihr Baby weiterhin kontinuierlich zunimmt und fröhlich ist, hat es einfach andere Normen. Aber auch hier gilt: Appetitlosigkeit kann ein Zeichen von Erkrankung sein.

Augen- und Bindehautentzündungen

Die Augen Ihres Babys können in den ersten Lebensmonaten öfter gereizt oder entzündet sein. Ein vermehrter Tränenfluss und eine leichte Rötung, kann durch Augenreiben mit den Händchen oder Zugluft entstanden sein. Falls aber eine Schwellung und ein gelb-grünliches oder weißlich-gelbes Sekret das Auge verklebt, sollten Sie Ihren Kinderarzt aufsuchen. Dort wird untersucht, ob die Bindehäute im Auge gerötet sind. Es wird eventuell ein Abstrich gemacht und die weitere Behandlung besprochen. Bei einer Bindehautentzündung, die durch eine Infektion mit Bakterien hervorgerufen wurde, werden antibiotikahaltige Augentropfen oder Augensalben verordnet. Am besten legen Sie Ihr Baby vor sich hin, wenn Sie ihm die Augentropfen verabreichen wollen. Halten Sie ihm dann nacheinander die Augen seitlich auf und verabreichen Sie mit der anderen die Tropfen.

Die häufigste Ursache für eine Infektion ist bei einem Drittel der Kinder im ersten Lebensjahr eine dünne Membran, die die Einmündung des Tränennasengangs verlegt. Die Tränen können dadurch nicht richtig abfließen, stauen zurück bis auf die Bindehaut und bilden einen günstigen Nährboden für Bakterien. Aber auch ohne eine bakterielle Infektion kann es im ganzen ersten Jahr zu verklebten Äuglein kommen. Die reinigen Sie am besten mit zwei Wattepads (für jedes Auge ein anderes) oder zwei weichen Tüchern, die Sie in lauwarmes, vorher abgekochtes Wasser getunkt haben. Weichen Sie die Verklebungen am Lidrand zuerst vorsichtig auf und wischen Sie dann das Auge von außen nach innen in Richtung Nase aus. Wenn Sie stillen, können Sie Muttermilch mehrmals frisch ins Auge tröpfeln und so die reinigende und entzündungshemmende Wirkung nutzen. Ansonsten hat sich der Einsatz von 0,9-prozentiger Kochsalzlösung oder Euphrasia Augentropfen bewährt. Ihre Hebamme oder Ihre Kinderärztin können Ihnen eine sanfte Massage des Tränensacks zeigen, damit die Beschwerden für Ihr Baby weniger häufig auftreten. Nach Ablauf des ersten Lebensjahres können Sie diese Beschwerden auch augenärztlich beseitigen lassen.

Bauchschmerzen, Blähungen und Dreimonatskoliken

Bauchweh und Blähungen sind für 80 Prozent aller Babys die normalen Begleiter bis zum vierten Lebensmonat. Jedes Neugeborene hat Luft im Darm, die es durch den Abgang von Winden loswird. Einige haben wenige Probleme damit, andere beginnen zwischen der zweiten und vierten Lebenswoche heftig damit zu kämpfen. Zur Ursache der Blähungen gibt es verschiedene Theorien. Eine beschreibt die Ursache in verstärkten Bewegungen des Babydarms, eine andere erklärt, dass durch zu langsame Darmbewegungen eine Ansammlung von Gasen zu Schmerzen führt. Eine dritte Theorie geht davon aus, dass die Blähungen entstehen, wenn beim Trinken oder Schreien verschluckte Luft mit der Milch in den Darm gelangt. Die durch die Verdauungsvorgänge entstandenen Gase können Darmabschnitte schmerzhaft blähen.

Typisch ist Unwohlsein oder Unruhe mit lautem Schreien des Babys eine halbe Stunde nach der Mahlzeit. Das Bäuchlein ist aufgetrieben und hart und das Baby zieht die Beine heftig an. Beim Schreien spannt das Baby unwillkürlich die Bauchmuskeln an und drückt dabei automatisch, sodass häufig Winde abgehen. Ihrem Baby geht es dann erst einmal besser. Da die Darmreifung im vierten und fünften Lebensmonat große Fortschritte macht, können Sie in diesem Zeitraum häufig beobachten, dass die starken Blähungen nachlassen. Wenn Ihr Baby unter Bauchweh und Blähungen zu leiden scheint, haben sich folgende Tipps bewährt:

◉ Versuchen Sie selbst ruhig zu werden. Setzen Sie sich in einer vertrauten Umgebung mit Ihrem Baby hin, dämpfen Sie das Licht und singen Sie ihm leise vor.

◉ Lassen Sie Ihr Baby seine innere Spannung und sein Unwohlsein über Schreien loswerden und stehen Sie ihm dabei körperlich und mit beruhigender Stimme bei.

◉ Vielleicht hilft Ihrem Baby Wärme an Bauch oder Rücken. Als Wärmequelle kann Ihre warme Hand, ein lauwarmes Kirschkernkissen oder eine mit lau-

Die meisten Babys lassen sich beruhigen, wenn sie im Fliegergriff getragen werden.

warmem Wasser gefüllte Wärmflasche dienen. Bitte überprüfen Sie die wärmenden Hilfsquellen immer an Ihrem eigenen Hals oder an der Wange, um Verbrennungen bei Ihrem Baby auszuschließen.

◎ Eine abendliche Babymassage hilft Ihrem Baby, sich von Spannung und Stress des Tages zu befreien.

◎ Eine Bauchmassage zwei- bis dreimal am Tag kann helfen. Dabei verfolgen Sie den Verlauf des Dickdarms (ein großes, auf dem Kopf stehendes U um den Nabel herum) im Uhrzeigersinn. Kleine kreisende Bewegungen oder leichtes Klopfen mögen Babys am liebsten. Auch das vorsichtige Hochdrücken der Beinchen in die Hocke kann den Abgang der Winde erleichtern. Für die Massage wirkt ein leicht angewärmtes Pflanzenöl zusätzlich entspannend.

◎ Halten in Bauchlage, im sogenannten Fliegergriff, finden viele Babys angenehm.

◎ Manchen Babys helfen Antiblähtropfen (Sab simplex® oder Lefax®). Der in den Tropfen enthaltene Wirkstoff vermindert die physikalische Stabilität des getrunkenen Milchschaums im Magen. Dadurch soll weniger Luft, die sonst in Schaumblasen eingeschlossen wird, in den Darm kommen. Wenn nach einer Woche keine Besserung eingetreten ist, können Sie davon ausgehen, dass die Tropfen nicht helfen.

◎ Bei Babys, die nicht mehr gestillt werden, können Sie einen Tee aus Kümmel, Anis und Fenchel anbieten.

◎ Entwickeln Sie aus lauter Verzweiflung keinen Überaktionismus. Vielleicht zirkulieren auch in Ihrem Bekanntenkreis Tipps, Ihr Kind mit dem Auto durch die Gegend zu fahren. Das ist natürlich Unsinn!

Diphtherie

Die Diphtherie ist eine akute, hochansteckende und auch heute noch lebensbedrohliche Erkrankung. In Europa befällt sie am häufigsten die Mandeln und den Nasen-Rachen-Raum. Die Beschwerden sind Fieber bis 39 °C, sehr schlechter Allgemeinzustand und starke Halsschmerzen. Auf den Mandeln und im Gaumen breiten sich gräuliche, fest haftende Beläge aus, die bei dem Versuch, sie abzulösen, zu bluten anfangen. Diese Beläge, sogenannte Pseudomembranen, können die Atemwege blockieren und zu Atemnot und Ersticken führen. Bei Babys kann ein blutiger Schnupfen mit Pseudomembranen an den Nasenlöchern auftreten. Obendrein produzieren die Bakterien Giftstoffe, die Wochen nach der Infektion noch zu Lähmungen und Herz-Kreislauf-Versagen führen können. Die Inkubationszeit beträgt zwei bis sechs Tage und ist kurz nach der eigenen Ansteckung übertragbar. Beim leisesten Verdacht wird Ihr Baby in eine Kinderklinik gebracht und wegen der starken Ansteckungsgefahr isoliert. Alle Kontaktpersonen werden untersucht, mit Antibiotika behandelt und gegebenenfalls nachgeimpft. Zum Glück ist die Diphtherie bei uns extrem selten, da die meisten Kleinkinder dagegen geimpft wurden.

Durchfall

Von einem Durchfall wird gesprochen, wenn Ihr Baby im ersten Lebensjahr mehr als fünf dünne (wässrige oder breiige) Stühle hat, die farblich anders als der sonstige Stuhl sind und einen unangenehmen Geruch haben. Die Ursache sind verschiedene Viren, Bakterien oder aber Nahrungsmittelunverträglichkeiten. Für Babys ist eine Durchfallerkrankung oft problematischer als für ältere Kinder. Bei ihnen besteht sehr viel schneller die Gefahr einer Austrocknung. Sie sollten schnell zum Kinderarzt, wenn bei einem Baby der Durchfall länger als sechs bis acht Stunden anhält oder blutiger Durchfall auftritt. Bei gestillten Babys gilt als Therapie ein häufigeres Anlegen und bei Flaschenkindern oder Breikindern eine eventuelle Teepause von sechs bis acht Stunden. Dabei bieten Sie Ihrem

Kind zwei- bis dreimal verdünnten schwarzen oder grünen Tee an, in den Sie einen Teelöffel Traubenzucker und eine Prise Salz tun, um den Darm zu entlasten. Auch stilles Wasser oder Elektrolytlösungen (aus der Apotheke) können bei nicht gestillten Kindern den Flüssigkeitsverlust ausgleichen. Ein warmes, nicht zu heißes Kirschkernkissen oder eine Wärmflasche können dem Bäuchlein guttun.

Erbrechen

Viele Babys spucken nach jeder Mahlzeit ein wenig Nahrung wieder aus. Das ist bei guter Gewichtszunahme nur ein Problem für Ihre Wäscheberge. Wenn Ihr Baby aber bei jeder Mahlzeit größere Mengen ausspuckt und sein Gewicht stagniert oder sogar weniger wird, kann es sich um einen Magenpförtnerkrampf, eine Infektion oder ein anderes ernstes Problem handeln. Erbrechen kann das erste Anzeichen vieler Erkrankungen sein. Ihre Kinderarzt wird einige Fragen an Sie stellen. Deshalb ist es wichtig, dass Sie Ihr Baby gut auf andere Symptome hin beobachten. Dazu gehören:

- Zeitpunkt des Erbrechens – kurz nach der Mahlzeit?
- Häufigkeit des Erbrechens?
- Kann Ihr Kind irgendwelche Medikamente oder Chemikalien geschluckt haben?
- Ist Ihr Baby gestürzt oder hat es einen Schlag auf den Bauch oder den Kopf bekommen?
- Hat es zusätzliche Symptome wie Fieber, Durchfall, Ohrenschmerzen?

Für Babys ist häufiges Erbrechen in Kombination mit Fieber und Durchfall oft problematischer als für ältere Kinder. Bei ihnen besteht sehr viel schneller die Gefahr einer Austrocknung und des Verlustes von Salzen. Deswegen ist ähnlich wie bei Durchfallerkrankungen zunächst eine Therapie gegen zu starken Flüssigkeitsverlust sinnvoll (siehe Seite 147).

Erkältung

Erkältungen und grippale Infekte gehören zu den häufigsten Infekten von Babys im ersten Lebensjahr. Lassen Sie in den ersten Lebenswochen daher möglichst keine erkälteten Menschen in die Nähe Ihres Kindes. Eine verstopfte Nase erschwert die Atmung und in der Folge fällt auch das Saugen an der Brust schwerer! Wenn Ihr Baby trotz aller Vorsicht an einer Erkältung erkrankt, werden Sie folgende Symptome beobachten: Unwohlsein, Niesen, Schnupfen, Husten, Hals- und Gliederschmerzen. In den meisten Fällen sind die Auslöser Viren, gegen die es keine Medikamente gibt. Daher wird lediglich versucht, die Symptome zu lindern.

Schnupfen

Verwechseln Sie aber die normalen Vorgänge zur Reinigung der Nasenschleimhäute nicht mit einer nahenden Erkältung! Sobald Staub oder andere reizende Stoffe an die empfindliche Nasenschleimhaut kommen, wird Ihr Baby automatisch niesen, um so alles wieder herauszutransportieren. Ihr Baby hat daher wahrscheinlich keinen Schnupfen, wenn es in den ersten Lebenswochen häufig niest. Es handelt sich dabei um einen ganz normalen Reinigungsreflex. Fließt allerdings durchsichtiges oder gelbliches Sekret aus seiner Nase und ist es weinerlicher und unruhiger als gewöhnlich, hat Ihr Baby sich erkältet. In diesem Fall helfen folgende Hinweise: Je nach Alter gibt es für Babys unterschiedlich stark dosierte abschwellende Nasentropfen oder -sprays, die nur über einen kurzen Zeitraum gegeben werden sollen. Feuchte Raumluft und auch das Inhalieren von heißem Dampf erleichtern das Atmen.

Husten

Bei Husten handelt es sich um einen Schutzreflex des Körpers, wenn zäherer Schleim als sonst die Atemwege reizt. Am Anfang einer Erkältung ist der Husten oft trocken und es wird kein Schleim abgehustet.
Legen Sie Ihr Baby in eine Seitenlage mit leicht erhöhtem Oberkörper, damit es besser abhusten kann. Bei Stillkindern hilft es meist, wenn sie häufiger angelegt werden. Kindern, die schon Tee zu sich nehmen (nach dem siebten Lebensmonat), können Sie einige Löffel von Isländisch-Moos- oder Eibischwurzel-Tee anbieten. Wenn der Husten feuchter wird und der Schleim sich löst, werden oft schleimlösende Säfte verordnet.
Bei Babys unter drei Monaten ist bei Husten und Fieber immer ein Arztbesuch nötig. Auch quälender Husten mit Schleimabgang, Atembeschwerden und besonders schnelle Atmung machen einen Arztbesuch notwendig.

Fieber

Fieber ist eine natürliche Schutzreaktion des Körpers auf Infektionen. Da Babys und kleine Kinder sehr viele Krankheitserreger neu kennenlernen, werden sie häufig Fieber entwickeln. Sie erkennen die Symptome zuerst an einem quengeligen oder schläfrigen Baby, das die Nahrung verweigert. Oft ist ein heißes, gerötetes Gesicht und am Körper eine kühle, blasse Haut ein weiteres Zeichen. Messen Sie dann die Temperatur Ihres Babys, am besten mit einem Digitalthermometer im Po. Die normale Körpertemperatur liegt zwischen 36,5 und 37,5 °C. Von Fieber spricht man bei einer Körpertemperatur ab 38 °C. Wenn Ihr Baby in den ersten drei Monaten Fieber hat, sollten Sie Ihren Kinderarzt aufsuchen. Zusätzlich können Sie Ihrem Kind mit folgenden Maßnahmen helfen:

◎ Bieten Sie Ihrem Kind häufig und viel zu trinken an.

◎ Legen Sie Ihrem Kind lauwarme Wickel auf Stirn, Handgelenke oder Waden. Allerdings nur, wenn diese Körperteile sich warm anfühlen – bei kalten Körperteilen sollten Sie niemals lauwarme Wickel anwenden! Wechseln Sie die lauwarmen Tücher alle drei bis vier Minuten und hören Sie nach 15 Minuten mit dieser Behandlung auf, da Sie die Temperatur nicht mehr als ein Grad senken sollten.

◎ Zwingen Sie Ihr Kind nicht zum Essen.

◎ Wechseln Sie häufiger die Bettunterlage, auf jeden Fall immer, wenn sie feucht ist.

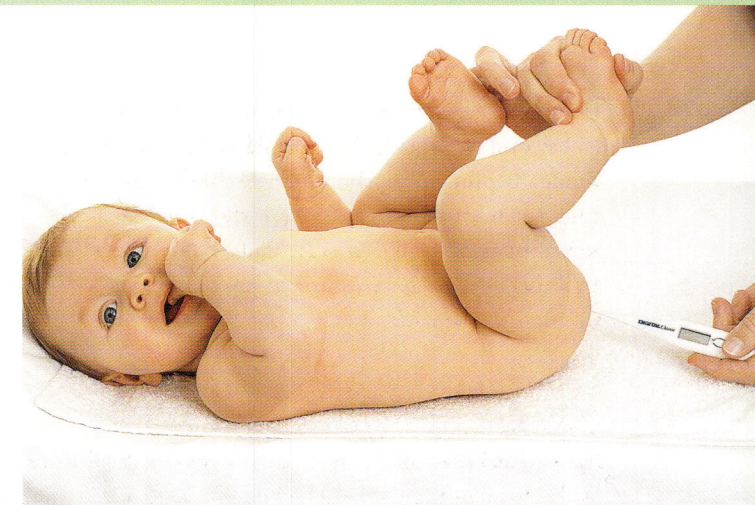

Bei kleinen Kindern sind nur Temperaturen, die im Po gemessen werden, aussagekräftig.

◎ Setzen Sie fiebersenkende Medikamente (Saft, Zäpfchen, Tabletten – werden vom Kinderarzt verordnet) und Therapien nicht unterhalb einer Temperatur von 38,5 °C ein.

◎ Flaschen- oder Breikindern ab sieben Monaten können Sie Holunderblütentee anbieten.

◎ Messen Sie mehrmals täglich die Körpertemperatur und dokumentieren Sie diese für Ihren eventuellen Arztbesuch.

Auch wenn Ihr Baby älter als drei Monate ist, sollten Sie unbedingt einen Arzt oder eine Klinik aufsuchen, wenn Sie folgende Symptome an Ihrem Kind beobachten:

◎ Krampfanfälle,

◎ Fieber, das länger als drei Tage anhält,

Erste Hilfe &
Krankheiten

- Fieber, das mit fiebersenkenden Medikamenten und Wickeln nicht nachlässt,
- wenn weitere Krankheitszeichen wie Erbrechen, Durchfall, Ausschläge, Apathie hinzukommen,
- wenn Sie sich Sorgen um Ihr Kind machen, weil es so »anders« ist.

Fieberkrämpfe

Einige Babys und Kinder (in Europa zwei bis fünf Prozent) können bei Fieber Krämpfe bekommen. Kinder sind am häufigsten im Alter von sechs Monaten bis fünf Jahren davon betroffen. Diese Reaktion des Nervensystems kommt dann, wenn das Fieber rasch ansteigt. Am häufigsten werden die Krämpfe bei Erkrankungen der oberen Luftwege und bei Drei-Tage-Fieber, Harnwegsinfekten und Mittelohrentzündungen beobachtet. Wenn ein Elternteil als Kind Fieberkrämpfe hatte, ist die Wahrscheinlichkeit bei diesen Kindern größer als bei Eltern, die keine Fieberkrämpfe hatten.

Wenn Ihr Baby einen Fieberkrampf bekommt, sehen Sie, dass es die Augen verdreht oder einen starren Blick entwickelt, mit Armen und Beinen rhythmisch zuckt, grau und sehr blass dabei aussieht, nicht mehr ansprechbar ist und manchmal Speichel aus dem Mund läuft. Legen Sie Ihr Baby sofort auf die Seite, damit der Speichel aus dem Mund laufen kann und die Atemwege frei bleiben. Rufen Sie auf der Stelle den Notarzt, der Ihr Kind mit fiebersenkenden und krampflösenden Medikamenten versorgen wird. Der Krampf ist nach einigen Minuten wieder vorbei. Beim ersten Krampf werden Babys zur Beobachtung häufig für zwei bis drei Tage in die Kinderklinik gebracht. Wichtig ist, dass Sie Ihr Baby dorthin begleiten und bei dem Aufenthalt lernen können, wie Sie in Zukunft mit solch einer Situation umgehen können. Meistens wird für Kinder, die zu Fieberkrämpfen neigen, schon bei Körpertemperaturen ab 37,5 °C ein fiebersenkendes Medikament empfohlen. Zur Sicherheit bekommen Sie ein krampflösendes Medikament, das Sie zu Hause aufbewahren können.

FSME-Virus nach Zeckenbiss

Das FSME-Virus (Frühsommer-Meningo-Enzephalitis = Frühsommer-Gehirnhautentzündung) kann über einen Biss einer infizierten Zecke übertragen werden. Es tragen etwa 0,1 bis 5 Prozent der Zecken diesen Erreger in sich. Die Saison für diese Erkrankung liegt zwischen März und Oktober. Drei bis 14 Tage nach einem Zeckenbiss können bei etwa 30 Prozent aller Gebissenen grippeähnliche Symptome wie Fieber, Kopf- und Gliederschmerzen auftreten. Nach einem beschwerdefreien Intervall von ein bis 20 Tagen können dann erneute Fieberschübe mit starken Kopfschmerzen, Krampfanfällen, Lähmungen und Bewusstseinsstörungen auftreten. Ihr Kind wird starke Schmerzen dabei haben, wenn Sie sein Knie zum Kinn bewegen wollen. Um den Erreger nachweisen zu können, wird eine Blutuntersuchung auf FSME-Antikörper vorgenommen werden. Da es keine spezifische Therapie gegen dieses

Virus gibt, werden die Symptome behandelt. Wichtig ist daher, dass Sie Ihr eventuell nicht geimpftes Baby in Risikogebieten vor Zeckenbissen schützen durch
- langärmelige, helle Kleidung,
- lange, helle Hosen,
- Socken,
- Sonnenhut mit Nackenschutz,
- insektenabweisende Hautschutzmittel.

Untersuchen Sie Ihr Baby jeden Abend vor dem Schlafengehen auf Zecken, besonders im Hals- und Haarbereich, hinter den Ohren und auch in der Pofalte. Die Zecken mögen besonders warme Körperstellen und wandern. Falls Sie eine Zecke entdecken, diese sofort mit einer Pinzette nah an der Einstichstelle erfassen und rasch unter Zug entfernen. Danach die Stelle mit einem Desinfektionsmittel reinigen. Falls eine Rötung an der Bissstelle entsteht, sollten Sie auf jeden Fall Ihren Kinderarzt aufsuchen.

Es gibt Gebiete in Deutschland und Europa, die als Risikogebiete für die Übertragung angesehen werden und für die Impfungen empfohlen werden. (Informationen zu den FSME-Risikogebieten siehe Anhang Seite 170)

Haemophilus-influenzae-Typ-B-Infektion (Hib)

Diese Bakterien können Erkrankungen im oberen Atemwegsbereich verursachen, die besonders bei Babys und kleinen Kindern bis zu fünf Jahren zu eitrigen Kehlkopfdeckelentzündungen und eitrigen Hirnhaut-

entzündungen führen können. Die Ansteckung erfolgt über Tröpfchen. Die ersten Symptome bei der Hirnhautentzündung sind hohes Fieber, Erbrechen, Krämpfe, ein steifer Nacken und Bewusstseinstrübung. Bei der Kehldeckelentzündung treten ebenfalls hohes Fieber und dann Schluckbeschwerden und lebensbedrohliche Atemnot auf. Bei Babys, die nicht oder nicht ausreichend geimpft wurden, ist beim Verdacht einer Hib-Infektion ein sofortiger Transport mit Arztbegleitung in eine Kinderklinik notwendig. Die Therapie wird eine Antibiotikabehandlung sein. Die Erkrankungsrate ist seit Einführung der Impfung 1990 deutlich gesunken.

Hepatitis B

Die Hepatitis B (Gelbsucht) ist eine Viruserkrankung, die eine Leberentzündung verursacht. Alle Altersgruppen können an diesem Virus erkranken. Er wird über Körperflüssigkeiten wie Blut, Sperma und Speichel über kleinste Verletzungen in der Haut oder den Schleimhäuten auf einen anderen Menschen übertragen. Bei Babys können sie unter anderem durch gegenseitiges Kratzen und Beißen übertragen werden. Die Krankheit hat nach der Ansteckung erst nach zwei bis sechs Monaten ihr Bild entwickelt. Dazu gehören Fieber, Appetitlosigkeit, Oberbauchbeschwerden, Gelenkschmerzen und später dann die Gelbfärbung der Haut und Schleimhäute. Der Urin wird dunkel und der Stuhl weißlich. Bei Babys treten allerdings häufig unspezifische Anzeichen auf und der Verlauf führt häufiger zu chronischen Beschwerden, Zerstörung der Leber oder Leberkrebs als bei der Erstinfektionen von Erwachsenen. Die Krankheit kann im Blut nachgewiesen werden. Nach dem zweiten Monat ist eine Impfung möglich.

Influenza

Die Influenza oder echte Grippe wird durch Viren übertragen. Die Übertragung erfolgt über Tröpfchen beim Niesen oder Husten. Krankheitszeichen wie hohes Fieber, Kopf-, Muskel- und Gliederschmerzen treten nach zwei bis drei Tagen auf und werden meist gefolgt von Husten, der über mehrere Wochen anhalten kann. Eine Ansteckungsgefahr besteht für sieben Tage. Die Diagnose einer echten Grippe erfolgt über Erregernachweis aus Rachen- oder Nasenabstrich oder im Blut über den Nachweis spezifischer Antikörper gegen das Influenza-Virus.

Anfangs einer Erkältung sehr ähnlich, können diese Viren Folgeerkrankungen an Lungen und am Herz-Kreislauf-System auslösen. Die Therapie besteht aus Bettruhe, viel Trinken und eventuellem Senken des Fiebers. Bei Folgeerkrankungen, die dann durch Bakterien ausgelöst werden, wird mit Antibiotika behandelt.

Bei Kindern mit chronischer Bronchitis, Stoffwechselstörungen, Erkrankungen des Herz-Kreislauf-Systems oder der Niere wird empfohlen, zusätzlich gegen Grippe zu impfen. Dies ist bei Babys ab dem sechsten Lebensmonat möglich. Die Impfung gibt Schutz für ein Jahr und sollte im Herbst, also vor Ausbruch der alljährlichen Grippewelle, durchgeführt werden. Nicht geimpft werden sollten Kinder mit einer bekannten Allergie gegen Inhaltsstoffe des Grippe-Impfstoffes oder einer Überempfindlichkeit gegen Hühnereiweiß.

Meningokokken C

Diese bakterielle Infektion kann über Tröpfchen beim Niesen, Husten oder Sprechen übertragen werden. Zwei bis drei Tage nach der Ansteckung setzt hohes Fieber mit starken Kopfschmerzen, Schüttelfrost, Schwindel, Erbrechen und Lichtempfindlichkeit ein. Ein typisches Zeichen ist eine schmerzhafte Genickstarre. Ihr Kind wird starke Schmerzen haben, wenn Sie das Knie zum Kinn bewegen wollen. Typisch sind auch stecknadelgroße Hauteinblutungen, wenn die Bakterien in die kleinsten Blutgefäße eingedrungen sind. Bei Babys ist am Anfang der Erkrankung die Symptomatik außer hohem Fieber häufig nicht eindeutig. Sie müssen daher sofort reagieren, wenn Ihr Baby folgende Verhaltensweisen zeigt:

- schrilles Schreien,
- beruhigt sich nicht beim Hochnehmen – im Gegenteil, es schreit noch mehr,
- sehr unruhig und quengelt nur noch,
- will keine Nahrung mehr zu sich nehmen, erbricht vielleicht sogar.

Die Diagnose wird durch Untersuchung im Blut und der Hirnflüssigkeit erhoben. Es wird sofort bei Verdacht mit einer Antibiotikatherapie begonnen, oft schon vor dem Eingang der Befunde, da die Krankheit schnell lebensbedrohlich sein kann. Die Impfung wird ab dem vollendeten zwölften Lebensmonat empfohlen.

Milchschorf und Kopfgneis

Der Kopfgneis wird aus weichen, fetthaltigen Schuppen auf dem Kopf gebildet. Er erscheint ungefähr ein bis drei Wochen nach der Geburt und heilt meistens nach dem dritten Lebensmonat wieder ab. Er juckt nicht und verursacht auch sonst keine Beschwerden. Sie können die Krusten mit Öl aufweichen und vorsichtig mit einem Waschlappen entfernen.

Milchschorf dagegen erscheint erst nach dem dritten Lebensmonat und besteht aus kleinen Schuppen im Gesicht und am Hals, die sehr jucken können. Der Milchschorf kann in ein chronisches Ekzem übergehen. Oft werden Gneis und Milchschorf verwechselt, obwohl sie so unterschiedliche Ursachen haben. Während der Gneis ein Ekzem ist, das durch überschüssige Talgproduktion entsteht, kann Milchschorf oft das erste Anzeichen der Neurodermitis (siehe Seite 156) sein. Falls Ihr Baby große Juckbeschwerden hat, wird Ihre Kinderärztin Ihnen eine Salbe verordnen.

Mittelohrentzündung

Eine Mittelohrentzündung entwickelt sich oft im Rahmen einer Erkältung. Zwei Drittel aller Kinder machen bis zu ihrem dritten Lebensjahr mindestens eine davon durch. Typisch für diese Erkrankung ist,

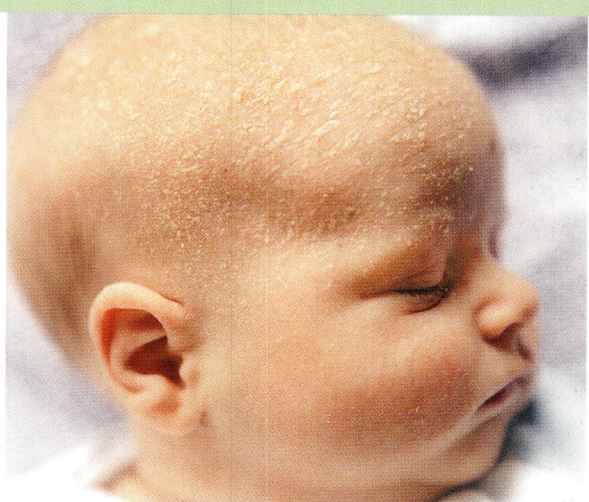

Kopfgneis heilt meist nach wenigen Monaten wieder ab. Oft wird er mit Milchschorf verwechselt.

dass sie meist erst einige Tage nachdem Ihr Kind sich erkältet hat, auftritt. Im Mittelohr sammelt sich Flüssigkeit, die auf das Trommelfell drückt und starke Schmerzen und auch Hörbeeinträchtigungen verursacht. Die Kinder haben neben stechenden Schmerzen auch Fieber und Kopfschmerzen. Nach ein paar Stunden lassen die Schmerzen nach, um nach einer Pause von drei bis sechs Stunden erneut aufzutreten.

Bei Babys im ersten Jahr werden Sie neben Fieber einen sehr unruhigen Schlaf und ein verzweifeltes Schreien beim Hinlegen beobachten. Ihr Kinderarzt wird mit einer Lampe mit vergrößernder Optik ins Ohr leuchten, um eine Diagnose zu stellen. Meistens besteht die Behandlung aus abschwellenden Nasentropfen, einem

Zwiebelwickel

Schmerzerleichternd wirken bei Mittelohrentzündung Zwiebelwickel. Sie können sie ganz einfach zubereiten: Hacken Sie eine Zwiebel fein und zerdrücken Sie die Würfelchen mit der flachen Seite eines Messers. Verteilen Sie die Zwiebel auf zwei Stofftaschentücher oder dünne Mulltücher, falten Sie diese zusammen, erwärmen Sie sie und legen Sie die Säckchen auf die Ohren legen. Befestigen Sie den Wickel mit einem Schal oder einer Mütze.

schleimlösenden Medikament zum Einnehmen und eventuell schmerz- beziehungsweise fiebersenkenden Präparaten. Bei einer durch Bakterien verursachten Entzündung werden Antibiotika verordnet.

Sie können Ihr Baby unterstützen, wenn Sie es zum Schlafen ausnahmsweise auf ein dickes, nicht zu weiches Kissen legen, damit das angesammelte Sekret aus dem Mittelohr leichter abfließen kann.

Nabelbruch

Im Mutterleib tritt im Bereich des Nabels die Nabelschnur in den Körper ein, die das Kind mit allen notwendigen Nährstoffen aus dem Blut der Mutter versorgt. Nach der Geburt wird die nicht mehr benötigte

Nabelschnur abgetrennt und die Durchtrittstelle in der Bauchwand verwächst normalerweise. Bei einigen Kindern bleibt aber eine Lücke in der Bauchwandmuskulatur bestehen, durch die sich dann bei Druckerhöhung im Bauchraum Eingeweideteile hervorwölben können. Bei Säuglingen und Kleinkindern bis etwa zum dritten Lebensjahr kann man in der Regel einfach abwarten, da sich die Lücke durch das Wachstum meist von selbst irgendwann schließt und die Einklemmungsgefahr bei Kindern sehr gering ist.

Neugeborenenakne

Die Neugeborenenakne tritt nicht bei allen Babys auf. Man findet sie eher bei Kindern, deren Eltern eine verstärkte Akne in der Pubertät hatten. Sie tritt hauptsächlich im Gesicht, selten an anderen Stellen des Körpers auf. Es handelt sich um kleine Eiterpusteln mit einem roten, entzündlichen Hof, die nach Tagen bis Wochen von allein heilen. Ursache ist die hormonelle Umstellung nach der Geburt.

Neugeborenengelbsucht

Bei seiner Geburt hat Ihr Baby im Vergleich zu Erwachsenen zwei- bis dreimal so viele rote Blutkörperchen im Blut. Nach der Geburt muss es diesen Überschuss abbauen. Der rote Blutfarbstoff Hämoglobin wird dabei zu dem Farbstoff Bilirubin umgewandelt, der in der Leber abgebaut wird. Die Neugeborenengelbsucht ist also keine Infektion, sondern nur ein in der Regel gesunder Umbauprozess. Da die Leber Ihres Baby aber noch nicht dazu in der Lage ist, die große Menge an Bilirubin sofort zu verarbeiten, lagert sich dieser gelbe Farbstoff in der Haut und den Augäpfeln ab und wird dann nach und nach ausgeschieden. Besonders Frühgeborene haben aufgrund der Leberunreife mit dieser Neugeborenengelbsucht zu kämpfen. Wenn die gelbe Farbe zwischen dem dritten und vierten Lebenstag auftaucht und sich bis zum fünften oder sechsten Lebenstag steigert, handelt es sich bei den allermeisten Babys aber um eine normale Umstellungserscheinung. Danach lässt die Gelbfärbung rasch nach und ist mit dem achten bis neunten Lebenstag verschwunden. Eine krankhafte Neugeborenengelbsucht, bei der die Bilirubinwerte im Blut deutlicher ansteigen, ist nicht allzu häufig. Sie tritt bei Babys, die zu früh zur Welt gekommen sind, aber auch nach langen, anstrengenden Geburten und bei Kindern, die Blutergüsse, Infektionen, eine verzögerte Mekoniumausscheidung und einen späten Fütterungsbeginn hatten, deutlich häufiger auf. Ihre Hebamme oder die Kinderkrankenschwestern der Wöchnerinnenstation werden bei starker Verfärbung und zunehmender Müdigkeit Ihres Babys eine Blutentnahme zur Bestimmung des Bilirubinwertes durch Kinderärzte veranlassen. Zur schnellen Orientierung gibt es in vielen Kliniken auch ein Gerät, mit dem der Wert durch die Haut ermittelt werden kann. Erst ab einer bestimmten Höhe wird dann eine Blutuntersuchung notwendig. Überschreiten die Bilirubinwerte eine bestimmte Obergrenze, wird eine sogenannte »Phototherapie« in der Klinik notwendig, die in der Regel innerhalb von ein bis zwei Tagen zum Erfolg führt. Um Ihrem Baby beim Abbau des Bilirubins zu helfen, können Sie auf folgende Dinge achten:

- Legen Sie gestillte Babys oft und lange an, weil die Vormilch die Darmtätigkeit Ihres Babys anregt, die wiederum die Bilirubinausscheidung begünstigt.
- Ersetzen Sie die Stillmahlzeiten nicht durch Zuckerlösung oder Teezufütterung. Pumpen Sie besser Ihre Vormilch ab und füttern Sie Ihr Baby mit einem Löffel oder einem Becher.
- Füttern Sie bei nicht gestillten Babys vom ersten Lebenstag an eine industriell hergestellte Pre- oder Pre-HA-Nahrung.

 Muttermilchgelbsucht

Bei rund einem von hundert gestillten Babys ist eine besondere Form der Neugeborenengelbsucht, die sogenannte »Muttermilchgelbsucht«, zu beobachten. Dieser oft über Wochen anhaltende Verfärbungszustand ist nicht behandlungsbedürftig, wenn andere Ursachen mit einer Blutuntersuchung ausgeschlossen wurden.

◉ Vermeiden Sie zur Unterstützung des Leberstoffwechsels auf jeden Fall eine Unterkühlung. Da dieser Stoffwechsel am besten bei einer gleichbleibenden Temperatur von 37 °C funktioniert, baden Sie Ihr Baby in den »gelben Tagen« nicht. Waschen und wickeln Sie es nur in warmer Umgebung.

◉ Stellen Sie Ihr Baby ans Fenster und achten Sie auf eine freie Stirn und ein unbedecktes Köpfchen. Licht hilft beim natürlichen Umbau in »wasserlösliches Bilirubin«, das ausgeschieden werden kann.

◉ Bei einem nicht allzu kalten Wetter ist ein einstündiger Spaziergang bei Tageslicht in einer ruhigen Umgebung zu empfehlen. Diesen Spaziergang kann Ihr Partner oder Ihre Freundin mit dem Baby allein unternehmen, damit Sie sich in der Zwischenzeit ausruhen können.

◉ Vermeiden Sie Stress für Ihr Baby, weil er den Stoffwechsel zum Abbau des Bilirubins verzögern kann.

Neurodermitis

Neurodermitis gehört zu den häufigsten Hautkrankheiten. Es handelt sich um eine chronische Erkrankung, die mit starkem Juckreiz, Rötung, Schuppung, Nässen, Krustenbildung bei gleichzeitig trockener Haut einher geht. Oft lässt sich als erstes Anzeichen schon im Babyalter der sogenannte Milchschorf (siehe Seite 153) im Gesicht und an den Armen entdecken. In etwa 50 Prozent der Fälle heilt der Milchschorf bis zum zweiten Lebensjahr von allein aus.

Die Neurodermitis ist erblich veranlagt. In Deutschland leiden derzeit etwa vier Millionen Menschen darunter. Drei bis vier Prozent aller Babys sind betroffen.

Bei Babys spielt die Ernährung eine große Rolle. Stillen über sechs Monate hat nachweislich eine schützende Wirkung. Bei Kindern sind zunächst untypische Körperstellen (etwa Wangen, Brust), später erst die typischen Körperstellen wie Ellenbeugen und Kniekehlen, Augenlider, Hals, Nacken und Brustbereich von dieser Hautkrankheit befallen.

Die trockene Neurodermitis-Haut benötigt gute und regelmäßige Pflege, auch wenn sie gerade nicht entzündet ist. Für die Grundpflege eignen sich Salben, Cremes und Lotionen, die unterschiedliche Fett- und Wasseranteile haben. Grundsätzlich gilt die Regel: Fett auf trocken, feucht auf feucht und keine Verwendung von Melkfett, Vaseline und Ölen.

Kleidung und Wäsche sollten aus weicher, weißer oder heller Baumwolle sein. Damit die Babys sich nicht nachts im Schlaf zerkratzen, kann es hilfreich sein, dass sie Baumwollhandschuhe tragen. Ziehen Sie Ihrem Baby bis zum Hals geschlossene, leichte Schlafanzüge an und achten Sie auf nicht zu warme Schlafsäcke, da die Wärme den Juckreiz verstärkt. Cremen Sie Ihr Baby abends immer gut ein, bevor Sie es ins Bett bringen. Achten Sie auch auf kurze Nägel! Kühle lindert häufig den Juckreiz. Hilfreich sind kühle Umschläge, aber auch Streicheln und leichtes Reiben helfen Ihrem Baby. Ein wichtiger Risikofaktor ist Rauchen, da Tabakrauch

Allergieerkrankungen fördert. Sie können Ihr Baby vor einer Neurodermitis schützen, indem Sie während der Schwangerschaft und in den ersten Lebensjahren auf das Rauchen verzichten.

Pilzinfektion (Soor)

Eine Pilzinfektion tritt häufiger im Babyalter auf, da die Hautbesiedelung mit gesunden Keimen noch nicht so gut ausgebildet ist. Sie können sie erkennen, wenn sich ein dicker, weißlicher Belag auf der Zunge und der Wangenschleimhaut bildet, den Sie nicht wie Milchreste mit einem sauberen Wattestäbchen abwischen können. Häufig haben Babys gleichzeitig eine Trinkschwäche und sind etwas unruhiger. Bei Babys, die an einem Mundsoor erkrankt sind, kommt es auch häufig zu einem zusätzlichen Windelsoor (siehe Windeldermatitis Seite 159) Behandelt wird mit Antipilzmitteln, die Ihr Kinderarzt verordnen wird. Da ein Soor eine eher harmlose Erkrankung ist, müssen Sie nicht gleich in die Klinik fahren, wenn Sie den Ausschlag Sonntagfrüh entdecken, sondern können erst einmal mit verdünnter Myrrhentinktur die Beläge abtupfen, um den Schmerz etwas zu betäuben und dann zur normalen Praxiszeit zu Ihrem Kinderarzt gehen. Achten Sie bei dieser Erkrankung sehr auf Hygiene. Schnuller, Trinkflaschen und Beißringe müssen ausgekocht werden und bei stillenden Müttern müssen die Brustwarzen auch mit dem Antipilzmittel behandelt werden, damit die Infektion nicht hin und her geht (siehe Seite 37).

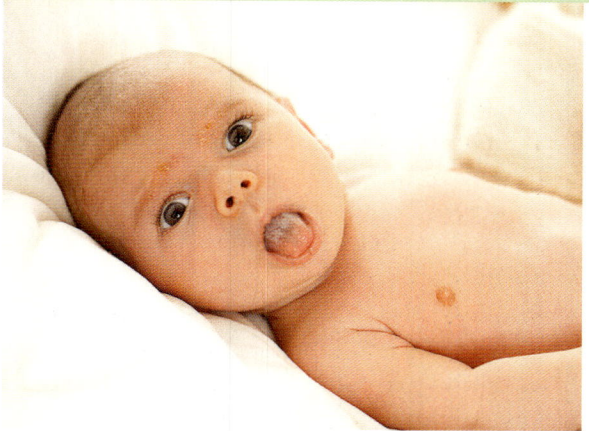

Soor erkennt man an weißlichen Belägen auf der Zunge und in den Wangentaschen.

Pneumokokken

Pneumokokken sind für einige bakterielle Infektionen wie Lungen-, Mittelohr-, Hirnhaut- und Nasennebenhöhlenentzündung verantwortlich. Die Erreger werden durch Tröpfchen übertragen und sind von einer Kapsel umhüllt, die Babys mit ihrem noch nicht ausgereiften Abwehrsystem gut bekämpfen können. Oft tritt bis zu einem Jahr nur leichtes Fieber auf. Erst eine weitergehende Diagnostik mit körperlicher Untersuchung, einer Blutuntersuchung und eventuell einer Röntgenuntersuchung kann den Erregernachweis erbringen. Unbehandelte, schwere Pneumokokkeninfekte können mit einer Blutvergiftung (Sepsis) einhergehen. Behandelt wird bei Verdacht mit intravenösen Antibiotikagaben über einen Tropf. Seit 2001 steht ein Impfstoff zur Grundimmunisierung zur Verfügung.

Rota-Virus

Dieses Virus ist eine häufige Ursache für Durchfall-erkrankungen und tritt in unseren Regionen hauptsächlich in den Wintermonaten auf. Die Rota-Viren lieben trockenes, warmes Klima in geheizten Wohnungen, sind widerstandsfähig und extrem ansteckend. Die Übertragung findet über unsauberes Wasser, verunreinigte Lebensmittel, Speichel und Schmierinfektion statt. Die Erkrankung zeigt sich mit wässrigen Durchfällen, Bauchschmerzen und manchmal auch noch mit Fieber, Halsschmerzen und Schnupfen. Erkrankte Kinder scheiden das Virus acht Tage lang mit dem Stuhlgang aus und sind so lange ansteckend. Für Babys ist eine Durchfallerkrankung oft problematischer als für ältere Kinder. Bei ihnen besteht sehr viel schneller die Gefahr einer Austrocknung. Drei bis vier Tage nach Erkrankungsbeginn kann der Erreger im Stuhl nachgewiesen werden. Sie sollten schnell zum Kinderarzt, wenn bei einem Baby der Durchfall länger als sechs bis acht Stunden anhält. Bei gestillten Babys ist die Therapie ein häufigeres Anlegen und bei Flaschenkindern oder Breikindern eine eventuelle Teepause von sechs bis acht Stunden. Dabei bieten Sie Ihrem Kind zwei- bis dreimal verdünnten schwarzen oder grünen Tee an, um den Darm zu entlasten. Auch stilles Wasser oder Elektrolytlösungen (aus der Apotheke) können bei nicht gestillten Kindern den Flüssigkeitsverlust ausgleichen. Eine Wärmflasche kann am Bäuchlein guttun. Eine Schluckimpfung gegen Rotaviren ist für Babys ab der sechsten Lebenswoche

auf dem Markt. Sie ist nicht in die Impfempfehlungen der STIKO (siehe Seite 116) aufgenommen und stellt keine Kassenleistung dar.

Schielen

Schielen ist eine Fehlstellung der Augen, wobei eine der beiden Augenachsen von der Parallelstellung abweicht. In den ersten Lebenswochen kann ein Baby die Bewegung der beiden Augen noch nicht richtig koordinieren. Das Fixieren eines Gegenstandes muss erst noch geübt werden. Daher ist gelegentliches Schielen in diesem Alter noch kein Grund zur Beunruhigung. Wenn Ihr Baby aber nach einem halben Jahr immer noch schielt, ist der Besuch beim Augenarzt notwendig. Je früher eine solche Fehlstellung behandelt wird, desto besser.

Tetanus

Wundstarrkrampf wird über ein Bakterium übertragen, das nahezu überall vorhanden ist. So findet man es in Straßenstaub, Schmutz, Erde und Stuhl von Tieren und Menschen. Die Erreger gelangen über noch so winzige Kratzer, Schrammen oder andere Hautverletzungen in den Körper und bilden unter Sauerstoffabschluss ein Nervengift, das die typischen Krankheitszeichen auslöst. Dazu gehören vier bis 14 Tage nach der Ansteckung Unruhe, Schlafstörungen, Schweißausbrüche und Muskelanspannungen, die an der Kaumuskulatur beginnen. Nach und nach wird die ganze Muskulatur betroffen. Die Erkrankung muss immer intensivmedizinisch behandelt werden. 30 Prozent aller Patienten sterben nach der Infektion. Nur eine Impfung stellt einen wirksamen Schutz vor der Krankheit dar.

Verstopfung

Die Ursache für Verstopfung ist in der Regel eine falsche Ernährung beziehungsweise eine zu geringe Flüssigkeitsaufnahme. Der Stuhl ist sehr hart, wird seltener und die Babys weinen vor Schmerzen beim Entleeren. Diese Schmerzen führen dazu, dass das Baby Angst hat zu drücken und so noch länger den Stuhl zurückhält. Hilfreich sind für diese Babys etwas zusätzlicher Milchzucker und etwas mehr Wasser oder Obstsaft in der Kunstmilch. Bei Breikindern hilft vermehrte Flüssigkeitszufuhr und mehr Obst, Gemüse und Vollkornprodukte im Essensplan.

Wunder Po und Windeldermatitis

Falls Ihr Baby zum Wundwerden neigt, ist es vor allem wichtig, häufiger zu wickeln. Zwei- bis dreistündiges Wechseln der Windel und einige Minuten »Luftbaden« (nackter Po an der Luft) pro Wickeln werden in den meisten Fällen helfen. Da die Feuchtigkeit die Hauptursache für den wunden Po ist, hilft das Eincremen der wunden Haut mit einer entzündungshemmenden Heilsalbe. Wenn diese Maßnahmen nach mehreren Tagen nicht helfen, kann es an der Windelmarke liegen. Hilft auch das Wechseln des Produktes nicht, kann das Auftragen einer Zinkpaste wirken.

Eine Windeldermatitis wird dann diagnostiziert, wenn die genannten Hinweise nicht helfen und die gerötete Haut Abschälungen mit Blutungsneigung zeigt. Ursache sind meist Windelunverträglichkeit oder eine Pilzinfektion (Soor, siehe Seite 157), die besonders gern an defekten Hautarealen gedeiht. Auch zu viel Ascorbinsäure (Vitamin C) aus Vitamintabletten, Südfrüchten und Fruchtsäften oder sehr scharfe Gewürze können bei Babys und Kleinkindern Hauterscheinungen hervorrufen. Während eine Windeldermatitis mit den obenstehenden Methoden geheilt werden kann, muss eine Soorerkrankung mit einer Antipilzsalbe behandelt werden. Besprechen Sie dies mit Ihrem Kinderarzt.

Zahnen

Das erste Zähnchen von insgesamt 20 Milchzähnen ist bei den meisten Babys um den fünften bis zehnten Lebensmonat herum zu entdecken. Nachdem die helle Schleimhautkante an der Zahnleiste verschwunden ist, schwillt sie an und wird rot. Es kommt mehr Speichel aus dem Mund, Ihr Baby ist ein wenig reizbarer und der Po ist häufig wund. Die typischen roten Zahnbäckchen sind zu sehen und es hat vielleicht auch nicht mehr so viel Appetit. Die Körpertemperatur steigt manchmal ein wenig an – bis auf 38 °C. Babys lieben es, in der Zeit des Zahnens auf Dingen herumzubeißen. Bieten Sie einen gekühlten Gummibeißring an oder auch ein eingetrocknetes Brotstück, wenn Ihr Baby schon in der Getreidebreiphase ist.

Erste Hilfe & Krankheiten

159

RECHT & FINANZEN

Mutterschutz

Mutterschutzgesetz

Das Mutterschutzgesetz sieht folgende Regelungen vor:

◎ Ab sechs Wochen vor dem errechneten Entbindungstermin besteht ein eingeschränktes Beschäftigungsverbot. Eine Schwangere, die in dieser Zeit arbeiten will, kann dies jederzeit widerrufen.

◎ Ein absolutes Beschäftigungsverbot gilt bis acht Wochen nach der Geburt. Bei Mehrlingen und Frühgeburten (Kinder leichter als 2500 Gramm) verlängert sich dieses Verbot auf zwölf Wochen. Wenn Ihr Baby vor dem errechneten Entbindungstermin zur Welt kam, verlängert sich die Schutzfrist um die Anzahl der Tage, die vorher nicht in Anspruch genommen wurden.

◎ Außerhalb der Schutzfristen kann mit einem ärztlichen Zeugnis ein individuelles Beschäftigungsverbot ausgesprochen werden.

◎ Wenn Sie eine Arbeit mit Gesundheitsrisiken durch bestimmte Gefahrstoffe (Strahlung, Hitze, Kälte) ausüben, kann ein Beschäftigungsverbot für werdende und stillende Mütter ausgesprochen werden. Dies gilt auch für Nacht-, Akkord-, Fließband-, Sonntags- und Mehrarbeit. Ausgenommen davon sind einige fest geregelte Arbeitsbereiche, wie Krankenhäuser, Pflegeheime und die Gastronomie.

Wenn Sie wieder mit einer außerhäuslichen Arbeit beginnen, muss dies nicht mit Abstillen verbunden sein. Vielleicht können Sie ja sogar an Ihrer Arbeitsstelle Milch abpumpen und kühl lagern. Ansonsten stehen Ihnen nach dem Mutterschutzgesetz pro Arbeitstag mindestens zweimal eine halbe Stunde oder einmal eine ganze Stunde für eine Stillpause zu. Bei einer Arbeitszeit von mehr als acht Stunden verlängert sich der Anspruch auf eineinhalb Stunden täglich.

Kündigungsschutz

Als Arbeitnehmerin besteht für Sie während der Schwangerschaft und bis zum Ablauf von vier Monaten nach der Geburt ein Kündigungsschutz. Diese Zeit wird verlängert, wenn Sie nach der Ankunft Ihres Babys Elternzeit nehmen. In diesem Fall gilt der Kündigungsschutz bis zum Ablauf Ihrer Elternzeit. Dieser Schutz darf nur in geprüften Sonderfällen durchbrochen werden. In diesem Fall muss Ihr Arbeitgeber eine sogenannte Zulässigkeitserklärung zur Kündigung des Arbeitverhältnisses bei der Aufsichtsbehörde (Gewerbeaufsichtsamt) einholen.

Leider geschieht es aber immer wieder, dass (unzulässige) Kündigungen ausgesprochen werden, obwohl die Schwangerschaft schon vorher bekannt war. Dann ist es wichtig, sofort zu reagieren und Ihren Arbeitgeber schriftlich aufzufordern, die Kündigung aufzuheben. Schreiben Sie, dass Sie dazu bereit sind weiterzuarbeiten und wenden Sie sich gleichzeitig an die zuständige Aufsichtsbehörde. Neben diesen Reaktionen ist es wichtig innerhalb einer dreiwöchigen Frist eine Klage vor dem zuständigen Arbeitsgericht zu erheben. Damit können Sie die Rechtswirksamkeit der Kündigung anfechten. Nutzen Sie hierzu Rechtsbeistand zu Ihrer Unterstützung, zum Beispiel durch die Gewerkschaft.

Kommunikation mit dem Arbeitgeber

Teilen Sie Ihrem Arbeitgeber recht früh mit, dass Sie schwanger sind und wann Sie Ihr Kind erwarten. Falls ein ärztlicher Nachweis gewünscht wird, müssen die Kosten dafür vom Arbeitgeber getragen werden. Es ist gesetzlich vorgeschrieben, dass Ihr Arbeitgeber dann die Schwangerschaft der Aufsichtsbehörde (Gewerbeaufsichtsamt), die für die Einhaltung und Überwachung der Mutterschutzvorschriften zuständig ist, mitteilt. Anderen Kollegen darf die freudige Neuigkeit allerdings vom Arbeitgeber nicht verkündet werden!

Mutterschaftsgeld und Zuschüsse

Schwangere Frauen und Mütter erhalten einen finanziellen Ausgleich, wenn während der Mutterschutzfrist kein Arbeitsentgelt gezahlt wird.

- Arbeitnehmerinnen, die in einer privaten Krankenversicherung oder nicht krankenversichert sind, erhalten einmalig bis zu 210 € durch das Bundesversicherungsamt und einen Arbeitgeberzuschuss in Höhe der Differenz zwischen 13 € pro Tag und dem durchschnittlichen Nettolohn.
- Gesetzlich krankenversicherte Frauen mit Krankengeldanspruch (Arbeitnehmerinnen und Arbeitslose) erhalten 13 € pro Tag von der Krankenkasse und einen Arbeitgeberzuschuss in Höhe der Differenz zum durchschnittlichen Nettolohn. Arbeitslos gemeldete Frauen erhalten Mutterschaftsgeld in Höhe des Krankengeldes.
- Gesetzlich krankenversicherte Frauen ohne Krankengeldanspruch (Studentinnen) mit einer geringfügigen Beschäftigung erhalten 13 € Mutterschaftsgeld pro Tag von der Krankenkasse.
- Gesetzlich krankenversicherte Frauen ohne Krankengeldanspruch (Arbeitslosengeld-II-Empfängerinnen) bekommen während der gesetzlichen Mutterschutzfristen weiterhin Arbeitslosengeld-II. Ein Mehrbedarf ab der 13. Schwangerschaftswoche wird dabei berücksichtigt.
- Gesetzlich familienversicherte Frauen mit geringfügiger Beschäftigung erhalten einmalig bis zu 210 € durch das Bundesversicherungsamt.
- Frauen, deren Arbeitsverhältnis während der Schwangerschaft vom Arbeitgeber zulässig aufgelöst wurde, erhalten 13 € Mutterschaftsgeld pro Tag; der Arbeitbeberzuschuss wird von der Krankenkasse oder dem Bundesversicherungsamt gezahlt.

Behördengänge

Standesamt und Bürgeramt

Geburtsurkunde

Ihr Baby muss innerhalb einer Woche beim Standesamt des Geburtsortes (Stadtteiles) gemeldet werden. In vielen Krankenhäusern werden die Daten im Sekretariat aufgenommen und ans Standesamt weitergeleitet. Bei außerklinischen Geburten wird Ihre Hebamme Ihnen die Formulare fürs Standesamt geben. Sie müssen Ihr Kind dann selbst melden. Nach einigen Tagen sind die Geburtsurkunden (vierfache Ausfertigung) fertig, die Sie an verschiedenen Stellen einreichen müssen. Dazu gehört unter anderem die Krankenkasse, bei der Ihr Baby versichert sein soll und von der Sie dann eine eigene Versicherungskarte für Ihr Kind erhalten. Sie können zusätzlich eine internationale Geburtsurkunde beantragen. Die kann Ihr Kind dann einige Jahre später vorzeigen, wenn es ein Schuljahr im Ausland verbringen möchte oder dort eine Stelle antritt.

Namensrecht

Bei verheirateten Paaren mit gemeinsamem Familiennamen wird Ihr Baby natürlich diesen Namen bekommen. Falls Sie verschiedene Nachnamen tragen, müssen Sie dem Standesamt durch eine Erklärung den Geburtsnamen Ihres Kindes mitteilen.

Bei unverheirateten Eltern mit gemeinsamem Sorgerecht müssen Sie ebenfalls dem Standesamt durch eine Erklärung den Geburtsnamen Ihres Kindes mitteilen. Wenn ein Elternteil das alleinige Sorgerecht hat, wird das Kind diesen Namen tragen. Ausnahme: Wenn Sie beide dies ausdrücklich wünschen, kann Ihr Baby auch den Namen des anderen Elternteils tragen. Den Antrag dazu muss der mit dem Sorgerecht betraute Elternteil beim zuständigen Standesamt stellen.

Ausweis

Wenn Sie mit Ihrem Baby ins Ausland reisen möchten, müssen Sie entsprechend Ihrem Reiseziel entweder einen Ausweis oder einen Kinderreisepass beantragen. Dies kann sechs bis acht Wochen dauern. Also frühzeitig daran denken! Neben der Geburtsurkunde und dem persönlichen Erscheinen des Kindes müssen Sie Ihren eigenen Ausweis und gegebenenfalls die schriftliche Einverständniserklärung des nicht anwesenden Sorgeberechtigten mitbringen. Für einen Ausweis benötigen Sie ein Lichtbild und für den Kinderreisepass ein biometriefähiges Lichtbild neuester Zeit. Um die richtigen Fotos zu beschaffen, hilft es, die Fotomustertafeln der Bundesdruckerei anzuschauen. Sie finden Sie auf den Internetseiten der Behörde (siehe Anhang Seite 171).

Jugendamt

Es gibt noch immer einige Unterschiede aufgrund des Familienstandes, in dem Kinder geboren werden. Diese können aber zu einem großen Teil ausgeräumt werden, wenn die Vaterschaftsanerkennung und das Sorgerecht geregelt wurden. Das können Sie natürlich schon in der Schwangerschaft erledigen, wenn Sie sich darum nicht direkt nach der Geburt Ihres Kindes kümmern wollen. Bei nicht verheirateten Paaren und verheirateten Paaren gibt es keine Unterschiede beim Anspruch auf Kindergeld, steuerliche Freibeträge für Kinder, steuerliche Berücksichtigungskosten von Kinderbetreuungskosten, Mutterschaftsgeld, Elternzeit und Erziehungsgeld, Freistellung zur Pflege bei Erkrankung des Kindes, Entscheidungsbefugnisse der Eltern das Kind betreffend, Wohnberechtigungsscheine und erbrechtliche Folgen für das Kind beim Tod eines Elternteils.

Unterschiede für Ihr Kind entstehen dann, wenn ein Elternteil allein das Sorgerecht trägt (etwa beim Namensrecht und bei Entscheidungen über ärztliche Behandlungen). Außerdem ist keine beitragsfreie Familienversicherung für die Partnerin/den Partner während der Elternzeit und nur getrennt gezahltes Wohngeld möglich. Kinder können aber unter bestimmten Voraussetzungen beitragsfrei familienversichert werden, egal wie der Familienstand der Eltern ist.

Bei verheirateten Paaren besteht grundsätzlich ein gemeinsames elterliches Sorgerecht. Sie müssen nur bei verschiedenen Namen den Geburtsnamen ihres Babys beschließen. Während der Elternzeit ist eine beitragsfreie gesetzliche Familienversicherung unter bestimmten Voraussetzungen möglich. Bei Bedarf können Sie gemeinsam als Familienhaushalt Wohngeld beantragen.

Familienkasse

Den Antrag auf Kindergeld müssen Sie schriftlich stellen. Dafür ist die Familienkasse Ihres Bezirkes oder Stadtteiles zuständig. Bei Angehörigen des öffentlichen Dienstes und Empfängern von Versorgungsbezügen ist die mit Bezügefestsetzung befasste Stelle des jeweiligen öffentlich-rechtlichen Arbeitgebers zuständig. Die Antragsformulare können Sie direkt dort abholen oder aus dem Internet herunterladen (Adresse siehe Seite 171).

Kindergeld wird einkommensunabhängig gezahlt und wird nach der Zahl der Kinder gestaffelt. Aktuell gibt es

- für das erste und zweite Kind monatlich 164 €,
- für das dritte Kind monatlich 170 €,
- ab dem vierten und für jedes weitere Kind monatlich 195 €.

Sie können als Eltern festlegen, wer von Ihnen beiden das Kindergeld für Ihre im gemeinsamen Haushalt lebenden Kinder erhält. Wenn Sie eine gemeinsame Familienwohnung haben, macht es für den Bezug des Geldes keinen Unterschied, ob Sie verheiratet sind oder nicht.

Elternzeit

Sie können als erwerbstätiger Elternteil, der in einem Arbeitsverhältnis steht bis zum dritten Geburtstag Ihres Kindes einen Rechtsanspruch auf Elternzeit geltend machen. Weiterhin können Sie mit Einwilligung Ihres Arbeitgebers bis zu einem Jahr dieser Elternzeit auf die Zeit zwischen dem dritten und achten Geburtstag Ihres Kindes übertragen. Sie dürfen frei entscheiden, wer von Ihnen die Elternzeit nehmen will oder auch, ob Sie sie gleichzeitig nehmen wollen.

Derjenige, der sich für die Elternzeit entscheidet, darf in Teilzeit bis zu 30 Wochenstunden arbeiten. Wenn Sie beide in Elternzeit sind, können Sie entsprechend zusammen bis zu 60 Stunden arbeiten.

Wenn Sie länger als sechs Monate bei Ihrer Arbeitsstelle beschäftigt waren, Ihr Betrieb aus mehr als 15 Beschäftigten besteht und keine dringenden betrieblichen Gründe dagegen sprechen, haben Sie einen Anspruch auf eine Teilzeitbeschäftigung während der Elternzeit. Sie dürfen in dieser Zeit nicht gekündigt werden. Die Anmeldefrist für die Elternzeit beträgt sieben Monate. Nach Ablauf der Elternzeit haben Sie das Recht, auf Ihren alten oder einen gleichwertigen Arbeitsplatz zurückzukehren. Ein Anspruch auf eine Teilzeitbeschäftigung besteht dann allerdings nicht mehr. In punkto Arbeitszeit gelten dann die alten Bedingungen.

Elterngeld

Alle Eltern können für die ersten 14 Lebensmonate Elterngeld beantragen. Allerdings gilt, dass ein Elternteil maximal zwölf Monate davon beanspruchen darf. Ein weiterer Anspruch besteht nur, wenn auch der zweite Elternteil zugunsten des Kindes auf das Einkommen verzichtet. Ausnahme: Als Alleinerziehende können Sie die vollen 14 Monate ausschöpfen.

Das Elterngeld ersetzt 67 Prozent des nach der Geburt wegfallenden Arbeitseinkommens bis höchstens 1800 €. Als nicht erwerbstätiger Elternteil erhalten Sie mindestens 300 €. Für Familien mit Mehrlingen, Geringverdiener und Mehrkindfamilien wird das Elterngeld erhöht. Sie dürfen nebenher bis zu 30 Wochenstunden (im Monatsdurchschnitt) arbeiten. Ihr Elterngeldanspruch wird aus der Differenz zwischen Ihrem vorherigen und Ihrem jetzigen Gehalt berechnet. Von dieser Differenz erhalten Sie 67 Prozent.

Bei Fragen zur für Sie besten Variante helfen die Elterngeldstellen Ihres Bundeslandes oder die Internetseite des Ministeriums für Familie, Senioren, Frauen und Jugend (Internetadresse siehe Seite 172).

Denken Sie frühzeitig daran, das Elterngeld nach der Geburt zu beantragen, da es nur drei Monate rückwirkend nach der Antragstellung gewährt wird.

Elterngeldstellen

Da sich die Elterngeldstellen in den verschiedenen Bundesländern in unterschiedlichen Institutionen angesiedelt haben, hier die Übersicht.

Baden-Württemberg	Landeskreditbank
Bayern	Versorgungsamt
Berlin	Bezirksamt
Brandenburg	Jugendamt
Bremen/Bremerhaven	Amt für soziale Dienste/Amt für Familie und Jugend
Hamburg	Bezirksamt (Einwohnermeldeamt)
Hessen	Versorgungsamt
Mecklenburg-Vorpommern	Versorgungsamt
Niedersachsen	Gemeinde oder Stadt/Landkreis
Nordrhein-Westfalen	Versorgungsamt
Rheinland-Pfalz	Jugendamt
Saarland	Landesamt für Soziales, Gesundheit und Verbrauchersicherheit
Sachsen	Amt für Familie und Soziales
Sachsen-Anhalt	Landesverwaltungsamt, Referat Bundeserziehungsgeld
Schleswig-Holstein	Außenstellen des Landesamtes für soziale Dienste
Thüringen	Jugendamt

Betreuung von kranken Kindern

Sie haben als Eltern den Anspruch auf Freistellung von der Arbeit, wenn Ihr Kind krank oder pflegebedürftig ist. Dazu muss ein ärztliches Attest vorliegen und eine Betreuung durch eine andere im Haushalt lebende Person unmöglich sein.

Sie haben folgende Ansprüche:

◎ Bezahlte Arbeitsfreistellung (§ 616 BGB), wenn Sie für eine verhältnismäßig nicht unerhebliche Zeit (etwa fünf Arbeitstage) mit einem ärztlichen Attest der Arbeit fernbleiben müssen. Für den Fall ist es wichtig zu wissen, ob dies im Tarifvertrag oder Arbeitsvertrag eingeschränkt oder ausgeschlossen wurde; dann gilt Variante 2.

◎ Unbezahlte Arbeitsfreistellung (§ 45 Abs.1 SGB V). Als Voraussetzung gilt, dass das Kind nicht älter als zwölf Jahre, behindert oder hilfsbedürftig ist. Auch dazu muss ein ärztliches Attest vorliegen und eine Betreuung durch eine andere im Haushalt lebende Person unmöglich sein. In diesem Fall zahlt die gesetzliche Krankenkasse Ihnen ein Krankengeld.

Der Arbeitsfreistellungsanspruch besteht bei Erkrankung des Kindes für:

◎ Alleinerziehende – je Kind 20 Arbeitstage im Kalenderjahr und bei mehreren Kindern höchstens 50 Arbeitstage;

◎ Elternpaare – je Kind und Elternteil zehn Arbeitstage im Kalenderjahr und bei mehreren Kindern höchstens 25 Arbeitstage pro Elternteil.

Adressen, die weiterhelfen

Praktische Ausstattung

ÖKO-TEST Verlag GmbH
Kasseler Strasse 1a, 60486 Frankfurt am Main
www.oekotest.de

Stiftung Warentest
Lützowplatz 11–13, 10785 Berlin
www.test.de

Ernährung des Babys

Deutscher Hebammenverband e.V.
Gartenstr. 26, 76133 Karlsruhe
www.hebammenverband.de

Bund Freiberuflicher Hebammen Deutschlands e.V.
Kasseler Str. 1a, 60486 Frankfurt a. M.
www.bfhd.de

Österreichisches Hebammen-Gremium
Postfach 438, A-1060 Wien
www.hebammen.at

Schweizerischer Hebammenverband
Rosenweg 25c, CH-3000 Bern
www.hebamme.ch

Deutsche Gesellschaft für Ernährung e.V.
Godesberger Allee 18, 53175 Bonn
www.dge.de

La Leche Liga Deutschland e.V.
Dannenkamp 25, 32479 Hille
www.lalecheliga.de
www.lalecheliga.at (Österreich)
www.lalecheliga.ch (Schweiz)

Berufsverband Deutscher Laktationsberaterinnen
Hildesheimer Str. 124e, 30880 Laatzen
www.bdl-stillen.de

Nationale Stillkommission
am Bundesinstitut für Risikobewertung
Thielallee 88–92, 14195 Berlin
www.bfr.bund.de/cd/2404

Schlaf

Gemeinsame Elterninitiative Plötzlicher Säuglingstod e.V.
GEPS-Deutschland e.V.
Fallingbosteler Straße 20, 30625 Hannover
www.sids.de

Entwicklung des Babys

Deutsche Liga für das Kind e.V.
Charlottenstr. 65, 10117 Berlin
www.liga-kind.de

Bundeskonferenz für Erziehungsberatung e.V.
Herrnstraße 53, D-90763 Fürth
www.bke.de

Arbeitskreis Neue Erziehung e.V.
Boppstr. 10, 10967 Berlin
www.ane.de

Förderung

Deutsche Gesellschaft für Baby- und
Kindermassage e.V.
Küfergasse 5
77652 Offenburg
www.dgbm.de

Prager Eltern-Kind-Programm
PEKiP e.V.
Am Böllert 7, 47269 Duisburg
www.pekip.de

Pikler Gesellschaft e.V.
Schwäbische Str. 7
70781 Berlin
www.pikler.de

Kommunikation mit dem Baby

Trostreich, Interaktives Netzwerk Schreibabys
Schulstr. 10, 27446 Deinstedt
www.trostreich.de

Gesundheitstermine

Berufsverband der Kinder- und Jugendärzte e.V.
Mielenforster Straße 2, 51069 Köln
www.kinderaerzte-im-netz.de

Deutscher Hebammenverband e.V.
Gartenstr.26, 76133 Karlsruhe
www.hebammenverband.de

Bund Freiberuflicher Hebammen Deutschlands e.V.
Kasseler Str. 1a, 60486 Frankfurt a. M.
www.bfhd.de

Österreichisches Hebammen-Gremium
Postfach 438, A-1060 Wien
www.hebammen.at

Schweizerischer Hebammenverband
Rosenweg 25c, CH-3000 Bern
www.hebamme.ch

Bei Fragen zu Impfungen wenden Sie sich
an die STIKO im Robert Koch-Institut
Nordufer 20, 13353 Berlin
www.rki.de

Deutsches Grünes Kreuz e.V.
Schuhmarkt 4, 35037 Marburg
www.dgk.de
Telefonische Impfsprechstunde des DGK:
Jeden Dienstag (außer an Feiertagen)
von 10 bis 12 Uhr
Telefon: 0 64 21/29 31 88 (normaler Telefontarif)

Bundeszentrale für gesundheitliche Aufklärung (BZgA)
Ostmerheimer Str. 220, 51109 Köln
www.bzga.de

Leben in der Familie

Verband alleinerziehender Mütter und Väter (VAMV)
Bundesverband e.V.
Hasenheide 70, 10967 Berlin
www.vamv.de

www.zwillingsforum.de, www.abc-club.de,
www.zwillinge.at, www.zwillinge.ch

Schatten und Licht – Krise nach der Geburt e.V.
Obere Weinbergstr. 3, 86465 Welden
Telefon: 0 82 93/96 58 64
www.schatten-und-licht.de
www.club-d-a.at
www.depression.ch

Psychotherapie-Informations-Dienst
Oberer Lindweg 2, 53193 Bonn
www.psychotherapiesuche.de

Auswärtiges Amt – Reiseinformationen
Werderscher Markt 1, 10117 Berlin
Postanschrift: 11013 Berlin
www.auswaertiges-amt.de

Reisemedizinische Fachredaktion für »fit for travel«
interMEDIS GmbH
Giselherstrasse 16, D-80804 München
Internet: www.intermedis.de

Krankheiten und Probleme

Berufsverband der Kinder- und Jugendärzte e.V.
Mielenforstner Straße 2, 51069 Köln
www.kinderaerzte-im-netz.de

Kindernetzwerk e.V. – für Kinder, Jugendliche
und (junge) Erwachsene mit chronischen Krankheiten
und Behinderungen
Hanauer Straße 15, 63739 Aschaffenburg
www.kindernetzwerk.de

Gemeinsame Elterninitiative Plötzlicher Säuglingstod (GEPS)
Deutschland e.V. Bundesgeschäftsstelle,
Fallingbosteler Str. 20, 30625 Hannover
www.sids.de www.schlafumgebung.de

Bundesverband Das Frühgeborene Kind e.V.
Kurhessenstr. 5, 60431 Frankfurt a. M.
www.fruehgeborene.de

Elternkreis Frühgeborene und kranke Neugeborene
Mannheim e.V.
Almenplatz 16, 68199 Mannheim
www.fruehchen.de

Aktionskomitee Kind im Krankenhaus
Bundesverband e.V.
Nordendstr. 32a, 60318 Frankfurt
www.akik-bundesverband.de

Giftnotruf Deutschland
Berlin
Beratungsstelle für Vergiftungserscheinungen
Institut für Toxikologie, Klinische Toxikologie
und Giftnotruf Berlin
Berliner Betrieb für Zentrale Gesundheitliche
Aufgaben (BBGes)

Oranienburger Str. 285, 13437 Berlin
Telefon: 0 30/1 92 40; Fax: 0 30/30 68 67 21
www.giftnotruf.de

Giftberatung Virchow-Klinikum
Med. Fakultät der Humboldt-Universität zu Berlin
Abt. Innere Medizin mit Schwerpunkt Nephrologie
und Intensivmedizin

Augustenburger Platz 1, 13353 Berlin
Telefon: 0 30/45 05 35 55; Fax: 0 30/45 05 39 15

Bonn

Informationszentrale gegen Vergiftungen
Zentrum für Kinderheilkunde der Rheinischen
Friedrich-Wilhelms-Universität Bonn
Adenauerallee 119, 53113 Bonn
Telefon: 02 28/1 92 40; Fax: 02 28/2 87 33 14
www.meb.uni-bonn.de/giftzentrale

Erfurt

Gemeinsames Giftinformationszentrum
der Länder (GGIZ) Mecklenburg-Vorpommern, Sachsen,
Sachsen-Anhalt und Thüringen
Nordhäuser Str. 74, 99089 Erfurt
Telefon: 03 61/73 07 30; Fax: 03 61/7 30 73 17
www.ggiz-erfurt.de

Freiburg

Vergiftungs-Informations-Zentrale (VIZ)
Universitätskinderklinik Freiburg
Mathildenstraße 1, 79106 Freiburg
Telefon: 07 61/1 92 40; Fax: 07 61/2 70 44 57
www.giftberatung.de

Göttingen

Giftinformationszentrum-Nord (GIZ-Nord)
der Länder Bremen, Hamburg,
Niedersachsen und Schleswig-Holstein
Zentrum Pharmakologie und Toxikologie der
Universität Göttingen
Robert-Koch-Str. 40, 37075 Göttingen

Telefon: 05 51/1 92 40; Fax: 05 51/3 83 18 81
www.giz-nord.de

Homburg

Informations- und Behandlungszentrum für Vergiftungen
Klinik für Kinder- und Jugendmedizin
Kirrberger Straße (Gebäude 9), 66421 Homburg/Saar
Tel.: 0 68 41/1 92 40, -1 62 83 14; Fax: 0 68 41/1 62 84 38
www.uniklinikum-saarland.de
Vergiftungszentrale/vergiftungszentrale.html

Mainz

Giftinformationszentrale Mainz
Klinische Toxikologie
Langenbeckstraße 1, 55131 Mainz
Telefon: 061 31/1 92 40, 23 24 66; Fax: 0 61 31/23 24 68
www.giftinfo.uni-mainz.de

München

Giftnotrufzentrale München
Toxikologische Abteilung der II. Med. Klinik und Poliklinik,
rechts der Isar der Technischen Universität München
Ismaninger Straße 22, 81675 München
Telefon: 0 89/1 92 40, 0 89/41 40 22 41;
Fax: 0 89/41 40 24 67
www.toxinfo.org

Nürnberg

Giftinformationszentrale Nürnberg
Klinikum Nürnberg Nord
Prof.-Ernst-Nathan-Str. 1, 90419 Nürnberg
Telefon: 09 11/39 8 24 51 oder 09 11/3 98 26 65;
Fax: 09 11/3 98 21 92

Giftnotruf Österreich
Vergiftungsinformationszentrale
Allgemeines Krankenhaus Wien
Währinger Gürtel 18–20
1090 Wien
Telefon: 43 (0)1/4 06 43 43

Giftnotruf Schweiz
Schweizerisches Toxikologisches Informationszentrum
Klosbachstr. 107
8030 Zürich
Telefon: 41 (01)/2 51 51 51

Informationen und Karten zu FSME-Risiko-Gebieten
Eine aktuelle Karte über die FSME-Risiko-Gebiete
in Deutschland finden Sie auf den Internetseiten
des Robert-Koch-Instituts
www.rki.de

Informationen zu den FSME-Risikogebieten in
Deutschland und Europa finden Sie auf der Serviceseite
»fit for travel« unter:
www.fit-for-travel.de

Informationen für Eltern von allergiekranken Kindern
Deutscher Allergie- und Asthmabund e.V.
Hindenburgstr. 110, 41061 Mönchengladbach
Beratungsstelle Telefon: 02 16/1 02 07 (9.30–12.30 Uhr)
www.daab.de
Hier können Sie Adressen von örtlichen
Selbsthilfegruppen erfragen

pina – Präventions- und Informationsnetzwerk
Allergie/Asthma e.V.
Klinik für Pädiatrie m.S. Pneumologie/Immunologie
Charité – Augustenburger Platz 1, 13353 Berlin
www.pina-infoline.de

Kinderumwelt gemeinnützige GmbH
Westerbreite 7, D-49 084 Osnabrück
www.allum.de

Rechtliches
Internetredaktion des Bundesministeriums für Familie,
Senioren, Frauen und Jugend
Alexanderstraße 3, 10178 Berlin
www.familien-wegweiser.de

Bundesagentur für Arbeit
Regensburger Straße 104, 90478 Nürnberg
www.arbeitsagentur.de

Bundesversicherungsamt
– Mutterschaftsgeldstelle –
Friedrich-Ebert-Allee 38, 53113 Bonn
www.bva.de
Hotline: 02 28/6 19 18 88 ist täglich von 9.00 bis 12.00 Uhr
und donnerstags auch von 13.00 bis 15.00 Uhr geschaltet
www.bundesdruckerei.de

Bücher, die weiterhelfen

Bundeszentrale für gesundheitliche Aufklärung (BZgA):
Das baby – Informationen für Eltern über das erste
Lebensjahr, Köln 2007

Bundeszentrale für gesundheitliche Aufklärung (BZgA):
Gesund groß werden – Der Eltern-Ordner zum Früh-
erkennungsprogramm für Kinder U1–U9 und J1, Köln 2008

Elisabeth Bryan: Zwillinge, Drillinge und noch mehr …,
Hans Huber Verlag, Bern 1994

Martin Dornes: Der kompetente Säugling, Fischer Verlag,
Frankfurt a. M. 2001

Martin Dornes: Die Seele des Kindes. Entstehung und
Entwicklung, Fischer Verlag, Frankfurt a. M. 2006

Lisa Eliot: Was geht da drinnen vor?, Berlin Verlag,
Berlin 2002

Jule Friedrich: Stillen. Was Mütter wissen sollten,
Hugendubel Verlag, München 2007

Marta Guoth-Gumberger und Elizabeth Horman:
Stillen, Gräfe und Unzer Verlag 2008

Silvia Höfer und Nora Szasz: Hebammen Gesundheits-
wissen, Gräfe und Unzer Verlag, München 2008

Ursula Keicher: Quickfinder Kinderkrankheiten –
Der schnellste Weg zur richtigen Behandlung,
Gräfe und Unzer Verlag, München 2007

Remo H. Largo: Babyjahre. Die frühkindliche Entwicklung
aus biologischer Sicht, Piper Verlag, München 2004

Herbert Renz-Polster, Nicole Menche und Arne Schäffler:
Gesundheit für Kinder. Kinderkrankheiten verhüten – erkennen – behandeln, Kösel-Verlag, München 2007

Kornelia Strobel: Frühgeborene brauchen Liebe –
Was Eltern für ihr »Frühchen« tun können, Kösel Verlag,
München 2004

Margot Sunderland: Die neue Elternschule, Dorling
Kindersley Verlag, München 2007

Register

Impressum

Programmleitung: Ulrich Ehrlenspiel
Redaktion: Christine Kluge
Bildredaktion: Henrike Schechter
Lektorat: Margarethe Brunner
Layout: independent Medien-Design (Claudia Hautkappe)
Satz: Filmsatz Schröter, München
Herstellung: Christine Mahnecke
Reproduktion: Repro Ludwig, Zell am See
Druck und Bindung: Druckhaus Kaufmann, Lahr

Bildnachweis:
A1 Pix: Seite 105; Corbis: Seite 24, 50, 70, 98, 120, 160; Focus SPL: Seite 153; Getty: Seite 43, 100; GU-Archiv: Seite 12, 49, 52, 77, 90, (A.Anders), 20, 28, 29, 31, 32, 33, 97, 157 (S. Seckinger), 29, 85, 87 (A. Peisl); Jalag/GU: Seite 55 (A.Anders); Jupiter Images: Seite 9; Mauritius: Seite 102; Picture Press: Seite 6, 14, 17, 61, 62, 89, 146; Plainpicture: Seite 47, 126; Superbild: Seite 72, 132, 149;

Illustrationen: Ingrid Schobel Seite: 53, 57, 79

ISBN 978-3-8338-1410-5

Auflage 1 / 2009

Die **GU-Homepage** finden Sie im Internet unter **www.gu-online.de**

Umwelthinweis
Dieses Buch wurde auf chlorfrei gebleichtem Papier gedruckt. Um Rohstoffe zu sparen, haben wir auf Folienverpackung verzichtet.

GRÄFE UND UNZER

Ein Unternehmen der
GANSKE VERLAGSGRUPPE

DAS ORIGINAL · MIT GARANTIE

Unsere Garantie
Alle Informationen in diesem Ratgeber sind sorgfältig und gewissenhaft geprüft. Sollte dennoch einmal ein Fehler enthalten sein, schicken Sie uns das Buch mit dem entsprechenden Hinweis an unseren Leserservice zurück. Wir tauschen Ihnen den GU-Ratgeber gegen einen anderen zum gleichen oder ähnlichen Thema um.

Liebe Leserin und lieber Leser,
wir freuen uns, dass Sie sich für ein GU-Buch entschieden haben. Mit Ihrem Kauf setzen Sie auf die Qualität, Kompetenz und Aktualität unserer Ratgeber. Dafür sagen wir Danke! Wir wollen als führender Ratgeberverlag noch besser werden. Daher ist uns Ihre Meinung wichtig. Bitte senden Sie uns Ihre Anregungen, Ihre Kritik oder Ihr Lob zu unseren Büchern. Haben Sie Fragen oder benötigen Sie weiteren Rat zum Thema? Wir freuen uns auf Ihre Nachricht!

Wir sind für Sie da!
Montag–Donnerstag: 8.00–18.00 Uhr; Freitag: 8.00–16.00 Uhr
Tel.: 0180 - 5 00 50 54* *(0,14 €/Min. aus dem dt. Festnetz/
Fax: 0180 - 5 01 20 54* Mobilfunkpreise können abweichen.)
E-Mail: leserservice@graefe-und-unzer.de

P.S.: Wollen Sie noch mehr Aktuelles von GU wissen, dann abonnieren Sie doch unseren kostenlosen GU-Online-Newsletter und/oder unsere kostenlosen Kundenmagazine.

GRÄFE UND UNZER VERLAG
Leserservice | Postfach 86 03 13 | 81630 München

Notrufnummern

Notruf Feuerwehr	1 12
Polizei	1 10
Krankentransport	1 92 22

Telefon Partner / Partnerin: _____

Handy Partner / Partnerin: _____

Betreuungsperson für eventuell größere Geschwister

Telefon: _____

Adresse: _____

Kinderarzt

Telefon: _____

Adresse: _____

Zahnarzt

Telefon: _____

Adresse: _____

Kinderärztlicher Notfalldienst:

_____

Nächste Kinderklinik

Telefon: _____

Adresse: _____

Nächstes Giftnotrufzentrum:

_____

Termine

Termine Vorsorgeuntersuchungen

U2 (3. bis 10. Lebenstag) _____

U3 (4. bis 5. Lebenswoche) _____

U4 (3. bis 4. Lebensmonat) _____

U5 (6. bis 7. Lebensmonat) _____

U6 (10. bis 12. Lebensmonat) _____

Weitere Termine

_____

_____

Allgemeiner Notruf

Wenn sich doch einmal ein Unfall ereignen sollte, ist es wichtig, dass Sie dem Rettungspersonal so genaue Angaben wie möglich machen.

1. Wer ruft an? Geben Sie Ihren Namen und Ihre Adresse sowie eine Telefonnummer für einen Rückruf an.
2. Was ist passiert? Erklären Sie so genau wie möglich, um welche Art von Unfall es sich handelt, damit Rettungsmaßnahmen bedarfsgerecht erfolgen können.
3. Welche Verletzungen liegen vor? Je nach Art der Verletzung kann ein spezialisiertes Krankenhaus schon vorab informiert werden.
4. Wo ist es passiert? Beschreiben Sie die Anfahrt zur Unglücksstelle so genau wie möglich. Am besten mit Straße und Hausnummer.
5. Wann ist es passiert? Geben Sie den Unfallzeitpunkt so exakt wie möglich an.

Notruf bei Vergiftungen

Wenn Ihr Kind eine giftige Substanz zu sich genommen hat, fällt der Notruf etwas ausführlicher aus. Neben den fünf »W-Fragen« müssen Sie darüber hinaus Angaben zu Art und Menge der Substanz machen, die Ihr Kind verschluckt hat
Damit Ihrem Kind effektiv geholfen werden kann, müssen Sie folgende Fragen beantworten?

1. Welches Produkt oder welche Giftpflanze hat Ihr Kind eingenommen? Die Giftnotrufzentren können auf ein umfangreiches Produktregister zugreifen, brauchen bei Pflanzenschutzmitteln, Medikamenten und anderen Giften aber Produktnamen und Hersteller. Das Gefäß und die Sicherheitshinweise der verschluckten Substanz oder das infrage stehende Pflanzenteil müssen Sie daher unbedingt bereithalten, damit später gezielt behandelt werden kann.
2. Welche Menge war in der Verpackung? Wie viel davon ist noch vorhanden? Wie viel kann Ihr Baby maximal davon eingenommen haben? Wie war es verpackt?
3. Wie hat Ihr Kind das Mittel eingenommen? Geschluckt? Eingeatmet? Auf die Haut aufgetragen oder ins Auge gespritzt?
4. Wann hat Ihr Kind das Mittel oder die Pflanze eingenommen? Ist Ihre Zeitangabe gesichert oder handelt es sich um eine Vermutung?
5. Wie alt und wie schwer ist Ihr Kind?
6. Wie ist der Zustand Ihres Kindes? Erbricht es, hustet es, hat es Schmerzen, ist es benommen?
7. Falls Rettungsmaßnahmen eingeleitet werden müssen, müssen Sie Ihren Namen und die Adresse (auch Stockwerk) so genau wie möglich angeben.